Erich H. Heimann

Selbst einen Altbau renovieren

Compact Verlag

Ein Wort zuvor

Selbermachen — ein Hobby, das heute für Millionen zur sinnvollen Freizeitbeschäftigung geworden ist. Ob es sich nun um die gemietete Altbauwohnung oder um die eigenen vier Wände handelt, mit etwas Geschick und einer fachmännischen Anleitung lassen sich oft verblüffende und ansprechende Ergebnisse erzielen: bei kleineren Reparaturen, beim Renovieren und Verschönern und beim Um- und Ausbauen.

Und Selbermachen bringt Spaß. Freude an der eigenen Arbeit, deren Ergebnis man Tag für Tag sehen und bewundern kann; es spart Geld für größere Modernisierungsarbeiten, bei denen Sie vielleicht doch lieber den Fachmann ran lassen wollen. Apropos Geld: Nicht jeder möchte erst jahrelang sparen müssen, bis er seine Renovierungspläne in die Tat umsetzen kann. Wüstenrot hat dieses Problem erkannt und dafür ein günstiges Sofort-Hilfe-Programm geschaffen. Interessiert Sie das? Dann fragen Sie einfach Ihren Wüstenrot-Berater. Der weiß Bescheid.

Bis dann die Handwerker anrücken, können Sie ja schon mal selbst zum Werkzeug greifen.

COMPACT PRAXIS **Selbst einen Altbau renovieren** zeigt, wie man's macht. Mit wertvollen Tips und Tricks, die sich in der Praxis tausendfach bewährt haben. Jeder Arbeitsgang wird ausführlich Schritt für Schritt gezeigt und in Bild und Text erläutert. Übersichtliche Symbole zeigen auf einen Blick, mit welchem Schwierigkeitsgrad, welchem Kraft- und Zeitaufwand Sie bei jedem Arbeitsgang rechnen müssen, welche Werkzeuge Sie brauchen und wieviel Geld Sie durch Ihre Arbeit einsparen können.

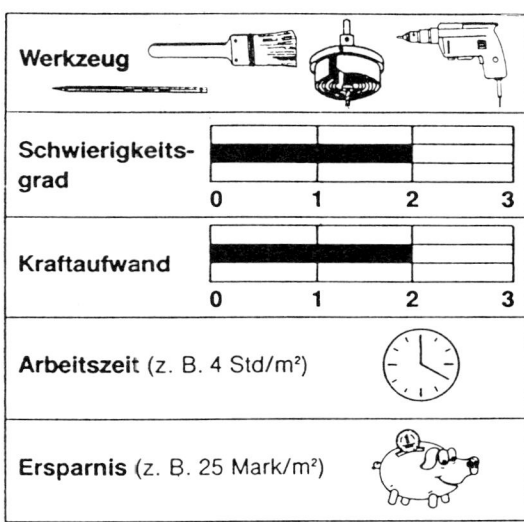

Und so stufen Sie sich richtig ein:

Schwierigkeitsgrad 1 — Arbeiten, die auch der Ungeübte ausführen kann. Es ist nur geringes handwerkliches Geschick erforderlich.

Schwierigkeitsgrad 2 — Arbeiten, die einige Übung im Umgang mit Werkzeug und Material erfordern. Es ist handwerklich durchschnittliches Geschick notwendig.

Schwierigkeitsgrad 3 — Arbeiten, die fachmännische Übung erfordern. Überdurchschnittliches Geschick ist erforderlich.

Kraftaufwand 1 — leichte Arbeit, die jeder bequem erledigen kann.

Kraftaufwand 2 — Arbeiten, die eine gewisse körperliche Kraft voraussetzen.

Kraftaufwand 3 — Arbeiten für kräftige Heimwerker, die keine »Knochenarbeit« scheuen.

Inhaltsverzeichnis

Inhalt

Die wichtigsten Fachbegriffe von A–Z

Abriebgruppe: Bei glasierten Steinzeugfliesen unterscheidet man vier Abriebgruppen, die grundlegende Aussagen über die Eignung der Fliesen als Bodenbelag vermitteln. Fliesen der Abriebgruppe I eignen sich als Belag für leicht beanspruchte Böden, die vorwiegend mit weich besohltem Schuhwerk begangen werden und keiner kratzenden Verschmutzung standhalten müssen. Hierzu zählen die Schlaf- und Sanitärräume im privaten Wohnbereich.
Fliesen der Abriebgruppe II widerstehen der Beanspruchung durch normales Schuhwerk unter geringer Einwirkung kratzender Verschmutzung. Einsatzbeispiele: privater Wohnbereich außer Küchen, Treppen, Terrassen und Loggien. Ohne Einschränkung im gesamten Wohnbereich einsetzbar sind glasierte Steinzeugfliesen der Gruppe III, die auch auf Balkonen verlegt werden können. Noch stärker beanspruchbar sind Fliesen der Gruppe IV. Sie widerstehen der Beanspruchung durch normales Schuhwerk unter Einwirkung von hereingetragenem Schmutz auch bei stärkerer Begehungsfrequenz und eignen sich so ohne jede Einschränkung für den Einsatz im privaten Wohnungsbau sowohl innen als auch außen.
Noch widerstandsfähiger ist unglasiertes Steinzeug, das mit seiner mikrorauhen Oberfläche bei Nässe eine höhere Trittsicherheit bietet als glasiertes Material und deshalb bei Freiflächen vorzuziehen ist.
Anschlußfuge: Überall dort, wo unterschiedliche Materialien an einem Bauwerk zusammentreffen, ergeben sich durch die den Werkstoffen eigene, unterschiedliche Wärmeausdehnung wie auch durch die Wirkung von Feuchtigkeitseinflüssen Maßänderungen. Diese können zur Bildung offener Fugen, aber auch zu Funktionsproblemen führen. Um solche Probleme zu vermeiden, werden die Anschlußfugen zwischen verschiedenartigen Bauteilen oder Baustoffen in der Regel dauerelastisch verfugt oder auch durch eine Blende überdeckt.
Dampfbremse: In bewohnten Räumen entsteht durch die üblichen Wohnvorgänge (Kochen, Baden, Duschen), aber auch durch die Feuchtigkeitsabgabe eines jeden Menschen mit der Atmung wie auch über die Haut Wasserdampf, der die üblichen Baustoffe wie Putz, Gips, Holz sowie das Mauerwerk an sich zu durchdringen vermag und bei Abkühlung in die flüssige Phase zurückfällt. Hierdurch kann es zu Feuchteschäden, Schimmelbildung, Verschlechterung der Dämmwirkung, in Extremfällen sogar zu Tropfwasserbildung kommen. Um dies zu verhindern, verwendet man zum Beispiel beim Dachausbau zwischen Sparrenverkleidung und Dämmschicht eine Dampfbremse aus starker Polyäthylenfolie, die dem Wasserdampf bei seiner Wanderung einen deutlichen Widerstand entgegensetzt und damit die Durchfeuchtung der Dämmschicht vermeidet.
Dampfsperre: Während Kunststoffolien je nach Dicke und Material die Wasserdampfdiffusion nur bremsen, wirken Aluminiumfolien als Dampfsperren, wenn sie beschädigungsfrei verlegt und die Bahnstöße großzügig überlappt und anschließend mit selbstklebendem Aluband verklebt werden.
Dauerelastisch: Bauteile, die durch Temperatureinflüsse oder durch Quellen oder Schwinden bei schwankendem Feuchtigkeitsgehalt zu Dimensionsänderungen neigen, erfordern Maßnahmen, die diese Dimensionsänderungen auf-

fangen. Dies gilt zum Beispiel für Fugenabdichtungen wie auch für Beschichtungen. Da die Ausgleichsfunktion auf Dauer erfüllt werden muß, bedarf es hierzu gummielastischer Werkstoffe, die die auftretenden Dehnungen und Stauchungen mitmachen. Man nennt solche Werkstoffe, die bei Entlastung immer wieder ihre ursprüngliche Form annehmen, generell dauerelastisch. Bekannte Beispiele sind Fugenmassen auf Silikon- und Synthesekautschuk-Basis und Dichtprofile aus APTK (Aethylenpropylterpohymer-Kautschuk).

Dauerplastisch: Anders als dauerelastische Massen bilden dauerplastische Dichtstoffe keine gummiartige Masse, sondern behalten eine kittartige, plastische Konsistenz. Sie schieben sich bei Stauchung wulstartig zusammen und fließen bei Dehnung auseinander. An ihrer Oberfläche bildet sich in der Regel eine dichte Haut, die bei extremer Dehnung auch reißen kann, sich aber aus dem freiliegenden Fugenmaterial neu bildet. Dauerplastische Massen werden hauptsächlich dort eingesetzt, wo keine zusätzliche mechanische Beanspruchung gegeben ist – zum Beispiel bei Dachanschlüssen. Dabei kommen häufig bituminöse Massen zum Einsatz.

Dehnungsfuge: Bei großflächigen Bauteilen wie zum Beispiel Terrassenflächen können sich die Dimensionsänderungen durch den Einfluß von Wärme und Kälte so stark auswirken, daß es zu Rißbildungen kommt. Hiervor schützen Dehnungsfugen. Sie trennen große Flächen in kleinere Einzelflächen, innerhalb derer die auftretenden Druck- und Zugspannungen von der Eigenfestigkeit des Materials aufgefangen werden können. Dehnungsfugen werden in der Regel dauerelastisch oder auch dauerplastisch verfugt. Vorhandene Dehnungsfugen müssen bei Renovierungsarbeiten erhalten bleiben. Bei bereits vorhandenen Rissen können zusätzliche Dehnungsfugen eine echte Abhilfe schaffen.

Fungizid: Überall, wo es feucht und warm im Haus ist wie im Bad, in Duschräumen, in der Küche oder auch in mangelhaft belüfteten Lagerräumen, droht die Ansiedlung von Mikroorganismen d. h. schädlichen Pilzen. Sie machen sich in der Regel durch grauschwarze oder auch grünliche Beläge auf Wandanstrichen oder auch in Fugen zwischen Fliesen und Sanitärkeramik bemerkbar. Abhilfe schaffen fungizide, d. h. pilztötende Anstrichfarben und entsprechend eingestellte Sanitärfugendichter.

Hydrophobierung: Ungeschützte mineralische Baustoffe wie Mauerwerk oder auch Mörtel und Zementputz nehmen begierig Regen und die darin gelösten sauren Schadstoffe auf. Dadurch wird nicht nur die Wärmedämmung der Außenwände verschlechtert, der saure Regen schädigt zugleich auch die Bausubstanz. Um den Charakter von Klinker- und Ziegelfassaden oder mineralischen Putzflächen zu bewahren und zugleich die Wasserdampfdiffusion soweit als möglich zu erhalten, kann man die Gebäudeflächen, die der Witterung ausgesetzt sind, wasserabweisend imprägnieren. Diesen Vorgang nennt der Fachmann »hydrophobieren« (wasserfeindlich machen). Hierzu dienen vorwiegend in organischen Lösemitteln gelöste Silikonharze. Während ihre anorganischen Silizium-Anteile für die Haftung am mineralischen Untergrund sorgen, bewirken die angelagerten organischen Bausteine (Methylgruppen) den wasserabweisenden Effekt. Hydrophobierte Flächen lassen Regenwasser abperlen, aber Wasserdampf von innen nach außen diffundieren. Da die zum Einsatz kommenden Harzlösungen farblos sind, verändert sich das Erscheinungsbild des Bauwerks nicht.

Körperschall: Schall breitet sich bekanntlich in Wellenform aus, und zwar in Gasen, Flüssigkeiten und festen Stoffen. Als Körperschall bezeichnet man die Schallausbreitung in einem Gebäude über Bestandteile des Baukörpers wie Wände, Decken oder Rohrleitungen. Man kann ihm durch geeignete Dämmaßnahmen begegnen. Hierzu zählt zum Beispiel der »schwimmende Estrich« oder die Unterbrechung von Schallbrücken durch Rohrschellen mit Kunststoffeinlage.

Luftschall: Die Ausbreitung des Schalls in Gasen, also auch unserer Luft, ermöglicht die Kommunikation durch die Sprache wie auch den Musikgenuß. Die Luft ist aber auch dafür verantwortlich, daß sich Lärm ausbreitet. Auch Luftschall kann zum Problem werden, wenn zum Beispiel Wasser- und Abflußleitungen in einem hohlen Rohrschacht verlegt sind. Die Schwingungsenergie absorbierenden Eigenschaften von relativ schweren, faserigen Dämmstoffen wie Steinwolle lösen dieses Problem. Luftschall absorbieren aber auch voluminöse Vorhänge aus schweren Stoffen, Wandteppiche und Polstermöbel.

Mauerwerksnorm: Diese Bauvorschrift regelt die bautechnischen Anforderungen an das Mauerwerk sowohl in statischer Hinsicht als auch im Hinblick auf den Schall- und Wärmeschutz. Sie wird heute erheblich strenger ausgelegt als in der Vergangenheit und verbietet weitgehend das Schlitzen von Wänden. Als Ausweg bietet sich die kostengünstige Verlegung von Neuinstallationen auf den vorhandenen Wänden und dazu eine Verkleidung mit Gipskartonplatten (vgl. Vorsatzschale) an.

Primer: Unter diesem englischen, aber auch bei uns gebräuchlichen Fachbegriff, versteht man einen »Haftvermittler«. Primer kommen zum Einsatz bei der Versiegelung von Dehnungs- und Anschlußfugen, beim Abdichten von Türen und Fenstern mit Silikonkautschuk, bei Beschichtungen von Holz oder mineralischen Untergründen mit Polyester und Glasseide wie auch beim Anstrichaufbau auf kritischen Untergründen wie Leichtmetall, Zink, PVC und manchen tropischen Hölzern.

Sanitärfugen: Dort, wo im Bad oder in der Küche Sanitärkeramik (Waschtisch, Duschtasse, WC oder Bidet) oder auch Badewannen aus Stahl oder Kunststoff und Duschabtrennungen an die in der Regel gefliesten oder anderweitig wasserabweisend beschichteten Wände anschließen, entstehen Sanitärfugen. Hier sammeln sich Tropf- und Spritzwasser, Seifenreste und Staub. So entsteht eine schlecht sauberzuhaltende Schmutzzone, in der Mikroorganismen ideale Lebensbedingungen finden. Aus ästhetischen wie hygienischen Gründen sollte man deshalb alle Sanitärfugen dauerelastisch mit zur Sanitär und/oder Fliesenfarbe passendem Sanitärfugendichter versiegeln.

Schallbrücke: Schwingungsübertragende Bauteile – zum Beispiel eine Schraube, die einen schwimmenden Estrich durchdringt, nennt man Schallbrücken. Sie machen unter Umständen aufwendige Maßnahmen zur Schalldämmung wirkungslos und sind deshalb unter allen Umständen zu vermeiden. Um eine Schallbrücke zu vermeiden, läßt man zum Beispiel auch eine abgehängte Decke nicht seitlich an die Raumwände anstoßen. Wird dies nicht beachtet, kann die Decke wie ein Resonanzboden wirken.

Scheinfuge: Im Betonbau werden große Flächen häufig durch Fugen gegliedert, die allein eine optische Funktion haben und das Bauteil nicht wirklich unterbrechen. Sie heißen Scheinfugen und werden auch nicht mit Fugendichtungsmassen verfüllt.

Schwitzwasser: Diese höchst unwillkommene Erscheinung tritt an unzureichend gedämmten Bauflächen auf, wenn die Luftfeuchtigkeit an kühlen Oberflächen kondensiert. Schwitzwasser tritt zum Beispiel an einfach verglasten Fenstern, an ungedämmten Kaltwasserleitungen, an Fliesenflächen in unzureichend belüfteten Bädern wie auch an Metallteilen auf, die die Raumdämmung durchdringen (vgl. Wärmebrücke). Schwitzwasserbildung ist ein Baumangel, der unbedingt durch eine geeignete Dämmung und/oder Belüftungsmaßnahmen zu beseitigen ist.

Schwimmender Estrich: Mit Rücksicht auf den Schallschutz werden Fußböden heute als sogenannte »schwimmende Estriche« ausgebildet. Dabei ist der begangene Estrich schalltechnisch durch eine Dämmlage und durch Gleitschichten von der tragenden Decke getrennt. Eine ringsum laufende Dämmung verhindert wirksam die Übertragung von Trittschall auf die Raumwände.

Setzrisse: Unterschiedliche Tragfähigkeit des Untergrunds führt bei neuen Bauwerken zuweilen zu Rißbildungen in den Wänden. Solche Schäden nennt man Setzrisse. Sie sollten ausgekratzt und mit einer dauerelastischen Fugenmasse geschlossen werden. Eine anschließende Rißüberbrückung mit Malervlies ist zu empfehlen.

Taupunkt: Die Luft in einem Gebäude enthält stets ein gewisses Maß an Feuchtigkeit in Form nicht sichtbaren Wasserdampfs. Die Fähigkeit der Luft, Wasserdampf festzuhalten, ist abhängig von der Lufttemperatur. Unter dem Taupunkt versteht man die Temperatur, bei deren Unterschreitung der Wasserdampf kondensiert und in die flüssige Phase zurückfällt. Dies kann in Form von Schwitzwasser an kühlen Oberflächen, genauso aber auch im Innern einer Wand erfolgen.

Trittschall: Diese Spielart des Schalls ist eine Sonderform des Körperschalls, die beim Begehen von Böden entsteht. Trittschall läßt sich wirkungsvoll durch einen schwimmenden Estrich und zusätzlich durch schallabsorbierende Beläge (Teppiche) verringern.

Trockener Ausbau: Eine einfache Lösung für Grundrißveränderungen und Innenausbau bieten Gipskarton- und Gipsfaserplatten. Sie lassen sich auf einer hölzernen Unterkonstruktion mit eventuell dahinterliegender Dämmung schnell zu einer planebenen Putzfläche verlegen und ergeben in Verbindung mit einem Ständerwerk aus Holz oder Metall auch Trennwände. Die Montage erfolgt durch Schrauben und bringt so keine Feuchtigkeit in das Bauwerk ein. Der trockene Ausbau spart damit die sonst üblichen Trockenzeiten für Mörtel und Putz.

Trockenfäule: Holzteile der alten Bausubstanz sollte man bei Modernisierungsmaßnahmen keinesfalls luftdicht abdecken. Wird dies nicht beachtet, kann der Naturwerkstoff Holz in sich verrotten. Der Fachmann nennt dies Trockenfäule. Deshalb für Belüftung zu sorgen!

Vorsatzschale: Bei der Althausmodernisierung ergibt sich häufig die Notwendigkeit, auf Putz liegende Leitungen zu verstecken. Dies geschieht einfach und kostengünstig durch eine Leichtbauwand aus einem mit Gipskartonplatten beplankten Ständerwerk aus Holz, der sogenannten Vorsatzschale, die vor der Massivwand errichtet wird.

Wärmebrücke: Mangelhaft ausgeführte Dämmungen weisen stellenweise eine unzureichende Dämmwirkung auf. Diese schlechtere Dämmung wird als Wärme- oder auch als Kältebrücke bezeichnet. Kältebrücken entstehen z. B. auch bei schlechter Bauausführung des Mauerwerks oder von Fensternischen. Überall dort geht nicht nur teure Heizenergie verloren, hier droht auch die Gefahr von Bauschäden durch Schwitzwasserbildung, die in Verbindung mit Schmutzablagerungen leicht Schimmelpilze entstehen läßt. Deshalb ist stets auf eine lückenlose Dämmung zu achten. Es ist sinnvoll, Problembereiche auszuschäumen oder mit Stopfwolle auszufüllen.

Fachkunde

Wissenswertes über die Altbausanierung

Wohnen in alten Häusern ist wieder »in«. Viele alte Häuser locken mit großzügigen Grundrissen, mit einer ruhigen Lage, mit Gärten mit altem Baumbestand und zum Teil auch mit einer gediegenen Baugestaltung, die schmucke Fassaden und dekorative Stuck- und Putzarbeiten einschließt.

Aber zu den heute renovierungsbedürftigen Althäusern zählen keineswegs nur die Schmuckkästchen aus der frühen Vorkriegszeit. Ein großer Teil der heute zur Renovierung anstehenden Häuser entstand nach dem Krieg, als der Mangel die Möglichkeiten des Bauens bestimmte, Großzügigkeit oder gar Luxus aus finanziellen Gründen nicht möglich waren.

Schließlich bedürfen heute auch viele Häuser aus den sechziger Jahren auf Grund veränderter Lebensgewohnheiten und gestiegener Wohnansprüche einer Verjüngung.

Entsprechend der unterschiedlichen Ausgangspositionen stellen sich damit dem Renovierer auch recht unterschiedliche Aufgaben. Wird es bei Großmutters Schmuckkästchen vor allem um die Substanzerhaltung und die stilgerechte Verjüngung gehen, wird man bei den Häusern aus der unmittelbaren Nachkriegszeit etwas großzügigere Grundrisse und mehr Wohnkomfort anstreben, während man sich bei den heute kaum mehr als 20 Jahre alten Häusern häufig auf eine Anpassung an heutige Wohnbedürfnisse beschränken kann.

Jeder Sanierung oder Modernisierung sollte – gleich wie alt das Bauwerk auch sein mag – eine gründliche Bestandsaufnahme vorausgehen. Es lohnt sich durchaus, dabei auch einmal nach alten Plänen zu fahnden. Im Regelfall befindet sich ein Plansatz bei der zuständigen örtlichen Baubehörde. Wenn Sie also genauere Daten haben möchten, wenden Sie sich an sie. Wer größere bauliche Veränderungen plant, sollte sich unbedingt von einem Architekten beraten lassen, zumal einschneidende Eingriffe in die Bausubstanz wie etwa ein Dachausbau oder der Einbau zusätzlicher Fenster den Segen der Baubehörde und die Einwilligung des Nachbarn notwendig machen. Nicht zuletzt können umfassende Eingriffe in die Bausubstanz auch technische und statische Probleme aufwerfen, die fachlichen Rat erfordern.

Der Erfassung des Ist-Zustandes des Bauwerks sollte man möglichst präzise Zielvorstellungen bezüglich des gewünschten Endzustands gegenüberstellen. Dabei ist eine schriftliche Check- und Wunschliste hilfreich, zumal sie es erlaubt, die einzelnen Positionen auch zu bewerten, also festzulegen, ob man im Zweifelsfall einem zweiten Bad gegenüber einem Hausarbeitsraum oder einem Gästezimmer den Vorrang geben möchte.

Bei aller Verschiedenheit der möglichen Ausgangspositionen wie auch der Wünsche und Wohnbedürfnisse zeigen sich bei allen Modernisierungsmaßnahmen meist recht ähnliche Grundprobleme.

Fall 1: Unzureichende Installation

Moderne Bedürfnisse an den Wohnkomfort, eine ständig wachsende Haustechnik, energiesparende moderne Heiz- und Heißwassersysteme und eine wachsende Zahl stromverbrauchender Geräte in allen Bereichen machen Mängel in der Sanitär- und Elektroinstallation alter Häuser überdeutlich.

Vielfach sind die Versorgungsleitungen unzureichend. Häufig liegen sie noch auf den Wänden,

Schöne, alte Bausubstanz zu erhalten, ist eine lohnende Aufgabe

Sanitärinstallation nach altem Muster

Ein altes Bad wird wieder jung

Starke Mauerwerke wirken als Klimapuffer

sind weder schallisoliert noch wärmegedämmt. Der Wunsch nach einer separaten Toilette oder einem Gästebad wie auch der Ausbau eines Dachgeschosses machen häufig komplett neue Leitungsstränge notwendig. Hier ist sorgfältige Planung und die Zusammenarbeit mit dem Fachmann unumgänglich, um kostensparende, kurze Leitungswege zu verwirklichen und den Ausbau der Installation mit den übrigen Aus- und Umbauarbeiten in Einklang zu bringen. Neu installierte Ver- und Entsorgungsleitungen verschwinden hinter aufgezogenen Leichtbauwänden, Vorsatzschalen oder in Leitungskanälen. Moderne Trockenbauweisen eröffnen hier dem Selbermacher ein weites Betätigungsfeld und Möglichkeiten, durch Eigenleistung Geld zu sparen.

Der trockene Ausbau erlaubt es auch, moderne Wünsche hinsichtlich Küchen- und Badkomfort zu realisieren und die Nähe vorhandener Leitungsführungen durch eine geschickte Grundrißveränderung mit Leichtbauwänden zu einem kostengünstigen, nachträglichen Badeinbau zu nutzen, indem man den benötigten Raum entweder von einer übergroßen Altbauküche oder einem an die Küche angrenzenden anderen Raum abzweigt.

Fall 2: Mangelhafte Dämmung

Der zweite große Mangel vieler Althäuser ist eine unzureichende Dämmung. Dieses Problem betrifft vor allem Nachkriegsbauten, deren Mauerwerksdicken gerade den statischen Anforderungen genügen, während bei den meisten Vorkriegsbauten ein großzügig dimensioniertes Mauerwerk einen recht wirkungsvollen Klimapuffer schafft.

Bei Dämmproblemen sollte man unbedingt einen Fachmann um Rat fragen, denn nur er kann den notwendigen Dämmaufwand ermitteln und entscheiden, auf welche Weise der Mangel an Wärmedämmung am günstigsten ausgeglichen werden kann. Die Dämmaßnahme an sich können Sie dann selbst durchführen.

Die bauphysikalisch günstigste Lösung ist in der Regel eine Außendämmung, deren Wirksamkeit die Grafiken auf S. 13 oben verdeutlichen. Sie ist aber zugleich auch die aufwendigste Lösung. Sie vermindert die Temperaturwechselbeanspruchung der Außenmauern, vermeidet Feuchtigkeitsprobleme und erhält das Wärmespeichervermögen des Mauerwerks, das zu einem ausgeglichenen Raumklima beiträgt.

Innendämmungen in Form von Hartschaumplatten, Mineral- oder Glasfaserbahnen beziehungsweise -platten wie auch Dämmschichten aus Steinwolle und einer vorgesetzten Verkleidung aus Gipskartonplatten, Nut-Feder-Brettern, Paneelen oder anderen geeigneten Deckschichten bieten den Vorteil einer einfacheren Montage für den Selbermacher. Sie machen aber die Nutzung des Wärmespeichervermögens des Mauerwerks zunichte. Dafür heizen sich Räume mit Innendämmung schneller auf, weil die Wandmasse nicht miterwärmt werden muß. So stellt sich zum Beispiel beim Intervallheizen sehr schnell ein behagliches Wärmegefühl ein.

Die Dimensionierung von Innendämmungen sollte man möglichst mit einem Fachmann abstimmen, um einmal die notwendige Wirkung zu erzielen und zum anderen Feuchtigkeitsprobleme im Mauerwerk zu vermeiden. Er sollte auch klären, ob eine Dampfsperre notwendig ist.

Innendämmungen können sich als vorteilhaft erweisen, wenn es darum geht, lokale Wärmelecks zu dämmen, so zum Beispiel Heizkörpernischen oder auch eine unzureichend gedämmte Außenwand wie den zur Wetterseite gelegenen Giebel.

Fall 3: Feuchtigkeit

Ein gravierendes Sanierungsproblem ist Feuchtigkeit im Haus. Hier ist unbedingt fachliche Hilfe nötig. Feuchtigkeit kann verschiedene Ursachen haben, die oft selbst für den Fachmann nicht einfach zu ergründen sind. Die Ursache muß mit größtmöglicher Sicherheit gefunden und abgestellt werden, da sonst alle übrigen Sanierungsmaßnahmen durch erneuten Feuchtigkeitseinbruch zunichte gemacht werden können.

Lediglich bei offensichtlichen Ursachen wie fehlender oder schadhafter Fugenversiegelung, schadhaften Abdeckungen oder beschädigten Bauteilen sollte man zur Selbsthilfe greifen. Dabei ist es auf jeden Fall ratsam, zwischen einer solchen Reparatur und den übrigen

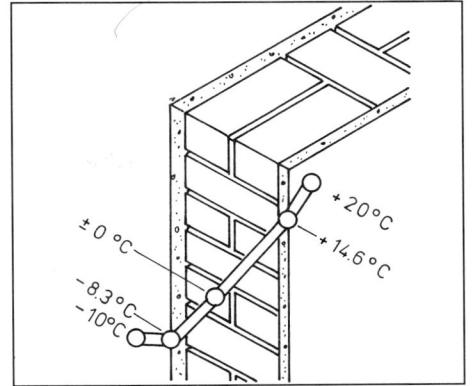
Ungedämmte Außenwand

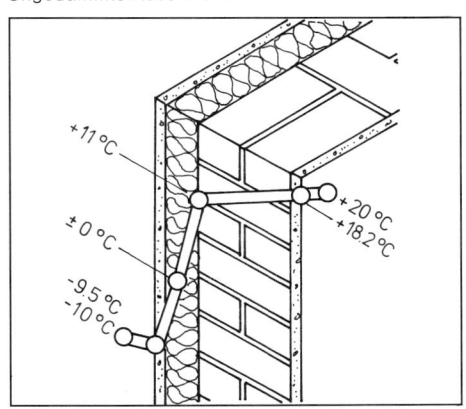
Gedämmte Außenwand

Dämmen einer Fensternische

Fachkunde

Fungizide Anstrichmittel gegen Pilzbildung

Unterlattung für Wand- und Deckenverkleidung

Decken mit Glasfasertapete verschönern

Sanierungsmaßnahmen so viel Zeit zu lassen, daß einmal die vorhandene Feuchtigkeit ausgetrocknet und zum anderen sichergestellt ist, daß die Ursache der Durchfeuchtung wirklich behoben ist.

Feuchteprobleme können übrigens auch als Folge durchaus fachmännisch durchgeführter Modernisierungsarbeiten – zum Beispiel nach Einbau sehr dicht schließender Kunststoff- oder Aluminiumfenster – auftreten, weil der verringerte Luftaustausch zu einer Überfeuchtung der Raumluft führt. Wird zugleich der Raum nicht regelmäßig beheizt und ist gleichzeitig eine Innendämmung angebracht, so daß die Wandoberflächen mangels Speicherwirkung relativ rasch abkühlen, kann es zu Schwitzwasser und Pilzbildung kommen.

Fall 4: Schadhafte Wände und Decken

Bucklige und rissige Wände wie auch Decken sind ein häufiges Ärgernis bei alten Häusern. Hier können moderne Werkstoffe zuverlässige Abhilfe schaffen. So kann man den schadhaften Wandputz leicht hinter einer Verkleidung aus Gipskartonplatten verschwinden lassen, wobei man die Platten entweder auf einer gegen die Wand gedübelten Unterlattung verschraubt, die zugleich auch ein Versteck für auf Putz liegende Rohrleitungen bietet, oder sie mit Ansetzbinder auf den Altputz klebt.

Eine andere Möglichkeit der Wand- und Deckenkosmetik bieten Glasfasertapeten, die mit Dispersionsklebern verklebt werden. Die hohe Zugfestigkeit der Glasfasern und ihre vollflächige Einbettung in Kleber sorgen dafür, daß sich Risse weder abzeichnen noch gar zum Reißen der Tapete führen.

Bei Netzrissen, die sich beim bloßen Streichen von Decken nach einiger Zeit wieder zeigen, hilft in der Regel, wenn Sie die Deckenfläche mit Rauhfaser oder auch mit einer Prägetapete tapezieren. Die feinen Haarrisse zeichnen sich durch solch kräftige Tapeten nicht mehr ab. Auch mit einer Untertapete lassen sich Risse kaschieren.

In manchem Altbau zieren alte Stuckarbeiten die Decken. Oft sind die Ornamente und Profile jedoch schadhaft oder fehlen sogar teilweise. Dies ist kein Grund, nun allen Stuck etwa abzuschlagen. Es gibt für solche Fälle selbsttrennende, streichfähige Silikonkautschukmassen, die selbst kompliziert geformte Stuckornamente abformen, um sie mit Stuckgips nachzufertigen. Vor dieser Arbeit müßten Sie jedoch die zahlreichen Farbschichten vom Stuck abkratzen. Die neuen Stuckprofile werden dann einfach unter die Decke geklebt, die dann wieder in ihrer alten Schönheit glänzt.

Ein anderes Deckenproblem ist ihre Höhe. In hohen Altbauräumen können sich moderne Möbel recht verloren ausnehmen. Außerdem verursacht das übergroße Raumvolumen erhebliche Heizkosten. Hier hilft eine abgehängte Decke, die zudem auch optische Deckenprobleme in einem Arbeitsgang beseitigt. Mit einer abgehängten Decke lassen sich Maßnahmen zur Wärmedämmung wie auch zum Schallschutz verbinden, wenn man auf die Traglattung der Decke eine Lage Steinwolle aufbringt, die ringsum an den Wänden anliegt.

Fall 5: Schadhafte Fußböden

In vielen alten Häusern zeigen gerade die Fußböden gravierende Abnutzungserscheinungen und Schäden. Dies gilt vor allem für Häuser mit Holzböden. Holz ist zwar beim Wohnen wieder sehr gefragt, aber ausgetretene, knarrende und unebene Holzdielenböden wird man allenfalls in einem alten Bauernhaus als stilgerecht akzeptieren.

Beschädigte Steinholz- und Terrazzoböden, wie man sie in Häusern aus der Vorkriegszeit findet, bedürfen, falls man sie nicht mit Teppichboden oder anderen Belägen zudecken will, der Renovierung durch den Fachmann.

In der Regel wird man jedoch Altböden unter neuen Belägen verschwinden lassen. Dies ist sogar bei alten Holzdielenböden möglich, die nach Fixieren loser Dielen durch Schrauben oder Nachnageln mit einer gewebeverstärkten Ausgleichsschicht versehen werden können. Diese Materialien sind selbstverlaufend eingestellt und ergeben einen perfekten Verlegegrund für Teppichboden oder auch Fliesen. Da diese Sanierungsmethode nur wenig aufträgt, gibt es kaum Probleme mit Türen, die allenfalls geringfügig gekürzt werden müssen.

Risse mit einer Untertapete kaschieren

Konstruktion für eine abgehängte Decke

Unebene Holzdielenböden ausgleichen

Fußbodensanierung mit Trockenestrichplatten

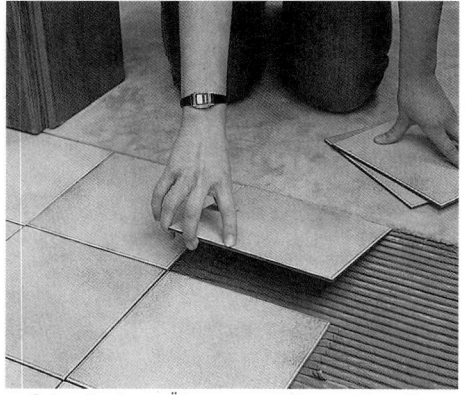

Schwellenloser Übergang mit Renovationsfliesen

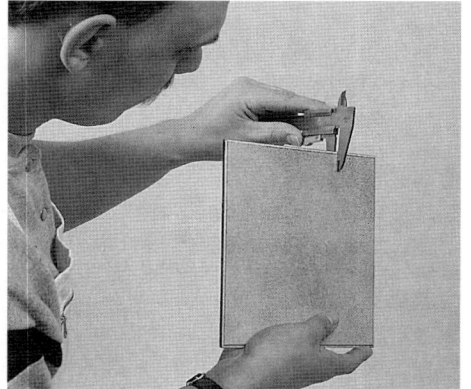

Renovationsfliesen sind 6 mm stark

Unebene, ausgebrochene und ausgetretene Estriche wie auch andere gegossene oder aufgespachtelte Böden lassen sich mit ebenfalls selbstverlaufenden Ausgleichsmassen zuverlässig in einen planebenen Verlegegrund verwandeln. Darauf kann man dann Fliesen, Teppichboden, Fertigparkett oder andere Beläge wie Kork, PVC oder Gummi-Noppenplatten im High-Tech-Look verlegen.

Eine Möglichkeit zur grundlegenden Bodensanierung bieten Spanplatten (Emissionsklasse E1), die man als tragende Basis auf stark beschädigte Holzdielenböden aufschrauben kann. Sie sind an den Seitenkanten genutet und werden durch eingeleimte Sperrholzfedern zuverlässig verbunden.

Eine andere heimwerkergerechte Lösung zur Sanierung von Fußböden bieten Trockenestrichplatten, die auf einer Trockenschüttung zum Beispiel aus Blähton verlegt werden. Dabei gleicht die Trockenschüttung Unebenheiten des Unterbodens aus. Eine etwas dickere Schüttung erlaubt sogar die Verlegung von Leitungen in der Ausgleichsschicht und hilft so, Stemmarbeiten einzusparen. Der Trockenestrich wird schwimmend auf der Ausgleichsschüttung verlegt. Dabei werden die einzelnen Platten miteinander verklebt und verschraubt und liegen nach Fertigstellung des Bodens als raumgroße Platte auf der Schüttung. Etwa 10 cm breite Hartschaumstreifen, die Sie entlang der Wände aufstellen, verhindern die Übertragung von Trittschall auf die Wände. Allerdings erfordert diese Lösung ein stärkeres Kürzen der Türen.

Schwellenlose Übergänge zwischen gefliesten Räumen und mit Teppichboden ausgelegten Zimmern ermöglichen heute sogenannte Renovationsfliesen, die mit 6 mm Dicke nicht mehr auftragen als ein guter Teppichboden. Trotzdem sind solche Renovationsfliesen belastbar wie normal dicke Bodenfliesen.

Fall 6: Der leidige Lärm

Lärm wird wohl zu Recht als Geißel der modernen Gesellschaft bezeichnet. Er plagt uns als ständige Geräuschkulisse des Straßenverkehrs, als plötzlich über uns hereinbrechender Fluglärm, als Lärmkaskade aus

Lautsprecherboxen, in Form von mannigfaltigen Arbeits- und Maschinengeräuschen, so daß uns sogar die natürlichste Lärmquelle, die Stimmen spielender Kinder, zu nerven beginnt.

Die dicken Mauern 50 und mehr Jahre alter Häuser bieten noch einen recht guten Schutz gegen den Lärm. Hier findet er lediglich durch die alten Fenster ein Schlupfloch ins Haus. Neue Fenster aus Holz, Kunststoff oder Aluminium lösen dieses Problem und passen sich stilgerecht in die Architektur ein.

Weniger gut bestellt ist es hingegen um die »jüngeren Althäuser«. Hier wurde oft am falschen Ende gespart. Hier haben allzu dünne Wände Ohren, hier hört man jeden Schritt und Tritt durch mangelhaft gedämmte Fußböden, hier verbreiten sich Leitungsgeräusche beim Baden im ganzen Haus, hier hört man überall das in die Wanne plätschernde Wasser. Der Schallschutz ist deshalb ein besonders wichtiges Thema. Es gibt viele Möglichkeiten, in alten Häusern wirkungsvoll für einen besseren Schallschutz zu sorgen. Die Skala reicht von Schallschutzfenstern und -türen über trittschalldämmende Fußböden und Akustikdecken bis zu geräuschgedämpften Armaturen, gedämmten Hohlräumen unter Bade- und Duschwannen. Oft wirken aber auch schon recht einfache Mittel Wunder wie dicke, hochflorige Teppichböden oder dämmende Unterlagen unter dem Teppichboden.

Fall 7: Die Fassade

Fassadenschäden sind ein ebenfalls verbreitetes Übel. Wind und Wetter wie auch die Industrieatmosphäre mit ihren aggressiven Bestandteilen setzen ungeschützten Putzen wie auch alten Anstrichen erheblich zu. Die Folge sind Oberflächenschäden und eine verstärkte Verschmutzung, weil Staub und Schwebestoffe an den aufgerauhten Flächen haften bleiben. Verwitterung und Verschmutzung erfordern ebenso Sanierungsmaßnahmen wie Fassadenrisse, die Feuchtigkeit eindringen lassen. So wird nicht nur die Wärmedämmung der Außenwand beeinträchtigt, weil eingedrungene Feuchtigkeit im Winter auch zu Absprengungen des Putzes führen kann.

Schallschutzfenster für Altbauten

Gedämmte, abgehängte Decke

Hochflorige Teppiche wirken schalldämmend

Wasserabweisende Silikon-Harzlösung

Imprägnierte alte Fassade

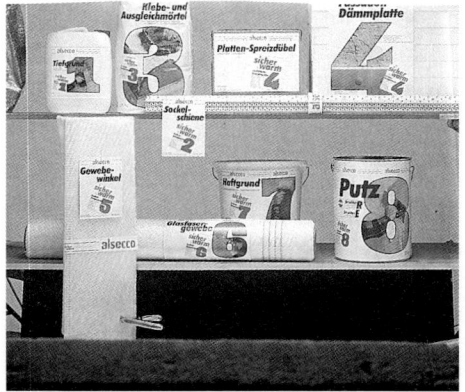
Materialien zur Außendämmung

Eine Fassadenkur läßt sich auch mit Maßnahmen zur Verbesserung der Wärmedämmung kombinieren. Der einfachste Fall ist die wasserabweisende Imprägnierung der Schlagregenseite mit farbloser Silikonharzlösung. Dieses Verfahren bietet sich bei allen im Naturzustand belassenen mineralischen Baustoffen (Ziegel, Klinker, Zementputz etc.) an.

Inzwischen gibt es sogar Vollwärmeschutz-Systeme, die auch von Heimwerkern verarbeitet werden können. Eine Außendämmung anzubringen ist genauso problemlos wie das Verputzen einer Fassade.

Trotzdem sollte der Selbermacher bei Fassadenfragen die Beratung und eventuell auch die tätige Hilfe des Fachmannes suchen.

Die Selbsthilfe bei Fassadenarbeiten sollte sich auf jeden Fall einzig und allein auf kleinere Einfamilienhäuser beschränken, die keine Höhenprobleme bieten.

Fall 8: Stilgerechte Sanierung

Schließlich stellt sich manchem Selbst-Renovierer eines alten Hauses das Problem, sein Haus so zu renovieren, daß sein ursprünglicher Charakter möglichst erhalten bleibt. Hier lohnt es sich durchaus, das Angebot an Materialien gründlich zu durchforsten. Immer mehr Hersteller bieten heute nämlich Materialien im historischen Stil an. Das Angebot reicht von Fliesen und Sanitärkeramik im Retro-Look bis zu Stuck-Profilen und Rosetten und von Tür- und Fensterbeschlägen bis zu Leuchten.

Gerade im Bereich von Türen und Fenstern gibt es ein reichhaltiges Angebot, so daß man weitgehend auf kostspielige Sonderanfertigungen verzichten kann. So findet man im Baustoffhandel wie auch in Türenstudios durchaus Türen im klassischen Kassettendesign, die trotz ihres Retro-Looks den aktuellen Forderungen hinsichtlich Dichtigkeit, Wärmedämmung oder auch Einbruchschutz entsprechen. Es gibt solche Türen sogar in einbruchhemmender Ausführung nach DIN 18103.

Bei der Fenstersanierung müssen Kunststoff und Aluminium heute kein Stilbruch mehr sein, denn solche Fenster gibt es inzwischen sowohl mit innenliegenden als auch mit außen aufgesetzten Sprossen in altbaugerechten Farben und Formen.

Fachkunde

Altbausanierung stilecht durchführen mit passenden Fliesen

Selbst die im Altbau häufiger anzutreffenden Rundbogenfenster lassen sich mit maßgefertigten, isolierverglasten Fenstern sowohl aus Holz als auch aus Kunststoff oder Aluminium ersetzen. Dabei gibt es Alufenster auch in einer erhöht einbruchhemmenden Ausführung. Sie empfehlen sich bei leicht zu erreichenden Fenstern im Parterre oder über Garagen und sonstigen Anbauten, besonders aber in versteckter Lage, wo Einbrecher relativ ungestört agieren können.

Auch hinsichtlich der Verglasung bieten sich vielfältige Möglichkeiten, die Stilbrüche vermeiden, z. B. romantische Butzenscheiben mit gleichzeitig hohem Wärmeschutz in Form einer wirksamen Isolierverglasung wie auch bei lärmexponierter Gebäudelage durch den Einbau von Fenstern mit Schallschutzverglasung, die in verschiedenen Schallschutzklassen im Handel erhältlich sind.

Alte Bäder stilecht renovieren

Tiefgrundierung für haltbare Anstriche

Alte Putze, innen wie außen, können bei der Renovierung alter Häuser zu Problemen führen.

Im Außenbereich kann nicht oder nur unzureichend geschützter Putz an der Oberfläche mürbe geworden sein. Schuld hieran sind Witterungseinflüsse, so vor allem Auswaschungen durch Schlagregen. Ein solcher Untergrund bietet keine zuverlässige Haftbasis.

Alte Putze können aus den gleichen Gründen auch ein unterschiedliches Saugverhalten zeigen, so daß ein Farbanstrich stellenweise gut und an anderen Stellen weniger gut eindringen kann. Dadurch kommt es sowohl zu Problemen hinsichtlich der Anstrichhaftung auf dem Untergrund als auch einer gleichmäßigen Farbfläche. Mürbe wie auch unterschiedlich saugende Außenputze verlangen deshalb nach einer speziellen Vorbehandlung mit Tiefgrund. Solche Grundierungen bestehen aus Kunstharzlösungen oder Kunstharzdispersionen, die verhältnismäßig tief in mineralische Untergründe einzudringen vermögen und sie von innen verfestigen. Dabei bleibt die Durchlässigkeit für Wasserdampf jedoch weitestgehend erhalten.

Wenn es darum geht, Außenflächen für einen nachfolgenden Anstrich vorzubereiten und vor allem zu verfestigen, sind nach wie vor lösungsmittelhaltige Tiefgrundierungen vorzuziehen. Tiefgrundierungen auf Testbenzin-Basis reichen überall dort zum Grundieren und Festigen alter Putze aus, wo der Tiefgrund direkt einwirken kann, also keine alten Dispersionsanstriche der eindringenden Grundierung im Wege stehen.

Zement- oder Mineralfarbanstriche sind vor Einsatz eines solchen Tiefgrundes mechanisch zu entfernen. Um sicherzustellen, daß der Tiefgrund optimal eindringt, werden solche wie auch alle anderen Tiefgrundierungen mit einer Deckenbürste aufgetragen.

Tiefgrundierungen mit Nitroverdünnung oder Brennspiritus als Lösungsmittel empfehlen sich für Oberflächen mit alten Dispersionsanstrichen. Sofern diese nur kreiden, d. h. beim Darüberwischen Pigmente abgeben, sorgt die Tiefgrundbehandlung für eine tragfähige Oberfläche. Nicht festhaftende Altanstriche werden dagegen durch das enthaltene Lösungsmittel angelöst oder kräuseln unter dem Lösungsmitteleinfluß. Sie lassen sich dann abstoßen und geben so den mineralischen Untergrund als Haftfläche frei. Um sicherzugehen, empfiehlt es sich, die vom Altanstrich befreiten Stellen noch einmal mit Tiefgrund zu überstreichen. Aufgrund der Aggressivität ihres Lösungsmittels dürfen Tiefgrundierungen auf der Basis von Nitroverdünnung oder Brennspiritus nur mit Pinseln aus Naturborsten verarbeitet werden.

Im Innenbereich empfehlen sich dagegen vor allem die neuen lösungsmittelfreien Tiefgrundierungen auf Dispersionsbasis. Sie sind geruchsarm und vor allem weder feuer- noch explosionsgefährlich. Sie können auch keinen Lösungsmittelrausch erzeugen, so daß sogar die Arbeit in schlecht belüfteten Räumlichkeiten keine Probleme bereitet. Sie eignen sich in erster Linie zur Regulierung der Saugfähigkeit von Putzen, Gips- und Gipskartonplatten. Sie sind aber nicht geeignet, um sie auf kreidenden, staubenden oder mit Leimfarben bzw. Makulaturresten verunreinigten Oberflächen aufzutragen. Sie werden ebenfalls am besten mit einer Deckenbürste aufgebracht, lassen sich aber auch sehr gut mit Airleß-Spritzpistolen verarbeiten.

Wasserabweisende Imprägnierung für die Fassade

Zum Beispiel bei Sichtmauerwerk steht der Wunsch, das äußere Erscheinungsbild der Fassade unverändert zu erhalten, im Widerstreit mit der Notwendigkeit – vor allem auf der Schlagregenseite des Hauses –, die starke Feuchtigkeitsaufnahme deutlich zu verringern.

Mauerwerk wie auch Putz kann erhebliche Wassermengen aufnehmen. Dadurch wird zum Beispiel die Wärmedämmung des Mauerwerks erheblich reduziert. Somit kann eine regenabweisende Fassadenimprägnierung sich rasch durch Heizkostenersparnis bezahlt machen.

Sie erhöht auch die Lebensdauer des Bauwerks, denn sie verhindert Durchfeuchtung, Algen- und Mooswachstum durch Entzug der für sie lebenswichtigen Feuchtigkeit und wehrt den sauren Regen ab.

Hydrophobierende (wasserabweisende) Imprägnierungen bestehen in der Regel aus Silikonharzen oder Siloxan in organischen Lösungsmitteln. Ihre Moleküle bestehen aus einem anorganischen Teil (Silizium), der mit mineralischen Baustoffen verwandt ist, und organischen Bausteinen, die für die wasserabweisende Wirkung verantwortlich sind. Der so erreichte Regenschutz funktioniert auch in Poren und Rissen bis zu einer Breite von etwa 0,2 mm. Die Hydrophobierung macht die Fassade zur Einbahnstraße: Regen kann nicht mehr in Putz und Mauerwerk eindringen, während Wasserdampf durchaus noch nahezu unbehindert von innen nach außen diffundieren kann.

Regenabweisende Imprägnierungen werden mit einer Deckenbürste, auch hier sind wieder Naturborsten gefragt, aufgetragen. Sie lassen sich aber auch mit einer Gartenspritze aufbringen, wobei man von oben nach unten arbeitet. Auch Schaumstoffwalzen eignen sich zum Auftragen.

Nach der Imprägnierung

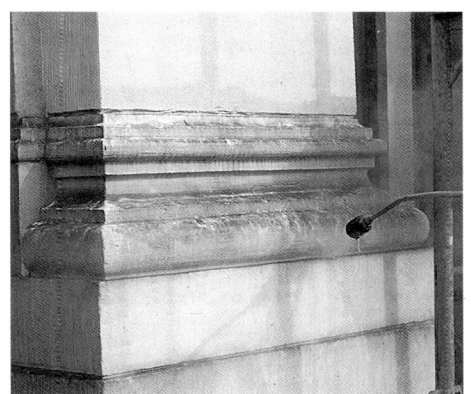

Imprägnierauftrag mit Gartenspritze

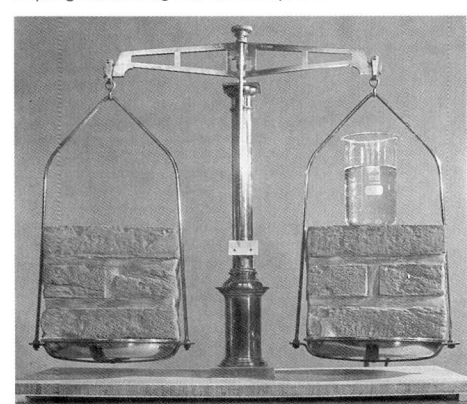

Kein Vollsaugen mit Regenwasser mehr

Weitere Fassadenanstriche

Der Außenanstrich eines Hauses hat nicht allein dekorative Funktion, er ist in erster Linie Wetterschutz. Er hat die Aufgabe, Putz und Mauerwerk gegen Schlagregen abzuschirmen, die Bausubstanz trocken zu halten. Auf der anderen Seite muß er aber für Wasserdampf durchlässig sein, um als Dampf von innen nach außen drängende Feuchtigkeit durchzulassen. **Diffusionsdichte Beschichtungen** führen durch den sich aufbauenden Dampfdruck zu Absprengungen der Beschichtung oder gar des Putzes. Es gibt verschiedene Arten von Fassadenfarben. Die einen sind **wasserhaltig**, die anderen beinhalten **Kunstharze**, die in organischen Lösungsmitteln (Kohlenwasserstoffen) gelöst sind, und sind somit **lösungsmittelhaltig.** Die Frage, ob ein wasserhaltiges System oder eine lösungsmittelhaltige Beschichtung gewählt wird, ist keinesfalls einzig und allein eine Frage des Umweltbewußtseins. Eine erhebliche Rolle spielt dabei der zu behandelnde Untergrund, wie es auch auf die Arbeitsbedingungen ankommt. So sind wasserhaltige Anstriche zum Beispiel nicht einsetzbar, wenn im Untergrund wasserlösliche, färbende Salze (zum Beispiel eisenhaltige Verbindungen) eingelagert sind. Sie würden beim Auftrag von wasserhaltigen Farben zu Verfärbungen führen. Dies gilt zum Beispiel für bislang ungestrichenes Ziegelmauerwerk, das nach gründlicher Entfernung von Ausblühungen durch trockenes Abbürsten und zweimaliger Naß-in-naß – Tiefgrundierung mit einer lösungsmittelhaltigen Polymerisatharzfarbe gestrichen

werden sollte. Wasserhaltige Fassadenfarben sind naturgemäß frostempfindlich. Dies gilt sowohl für die Lagerung als auch für die Verarbeitung. Daraus ergibt sich unter Umständen bei unaufschiebbaren Fassadenarbeiten in der kalten Jahreszeit der Zwang, auf lösungsmittelhaltige Fassadenfarben auszuweichen, um den Fassadenschutz noch vor Einbruch langer Regen- und Frostperioden aufzubringen und so eine weitere Schädigung des Bauwerks zum Beispiel infolge Durchfeuchtung abzuwenden.

Was tun bei grünen Fassaden?

»Grün« ist zwar im Wohnumfeld ein begehrter Schmuck, doch wenn es in Form von Algen und Moos an der Fassade wuchert, eher unbeliebt. Die Ursache dafür ist meist zuviel Feuchtigkeit in der Bausubstanz. Hierbei kann es sich um reine Oberflächenfeuchtigkeit handeln, die zum Beispiel aus Schäden an der Dachrinne oder dem Fallrohr resultiert und sich auf rauhem oder mangelhaft geschütztem Putz entsprechend lange hält. Darauf finden Algensporen einen geeigneten Nährboden. Häufig liegt der Grund aber in einem porösen, wasseraufnehmenden Putz- oder Fugenmörtel oder auch in einer mangelhaft gegen Feuchtigkeitsaufnahme geschützten Fassade, die unbedingt saniert werden muß. Wenn die Fassade in ihrem materialeigenen Erscheinungsbild erhalten bleiben soll, hilft der schon beschriebene wasserabweisende Anstrich mit Silikon- oder Siloxan-Imprägnierungen (vgl. S. 21), wird ein Farbanstrich gewünscht, stehen zur Abwehr eines Neubefalls **fungizid und algizid** eingestellte **Dispersionsfarben** zur Verfügung. Vor ihrer Anwendung sollte die befallene Fassade auf jeden Fall durchgetrocknet und mechanisch oder auch chemisch durch Anwendung von pilz- und algentötenden Mitteln beziehungsweise Hydrophobierung von Algen und Moos befreit worden sein. Die abdichtende Wirkung der folgenden Beschichtung mit einer

Materialkunde Anstrichmittel

Ein Giebel mit Pilzbefall

algizid und fungizid eingestellten Fassadendispersion und ihre Langzeitwirkung verhindern einen erneuten Befall.

Im Rahmen der zum Teil heftig geführten Diskussion um umweltfreundliche Materialien ist eine Anstrichgruppe wieder aktuell geworden, die schon fast vergessen war: die Silikatfarben.

Grundregeln für Fassadenanstriche

● Fassadenfläche durch Abbürsten von Schmutz und losen Teilchen reinigen.

● Ausblühungen trocken abbürsten oder abschaben.

● Algen- cder Moosbefall mechanisch entfernen (dabei Schutzmaske tragen). Algizide und fungizide Lösung auftragen und nach Einwirkzeit mit viel Wasser gründlich nachwaschen.

● Für Anstricharbeiten eine längere Periode trockenen Wetters nutzen, damit die Fassade weitgehend durchgetrocknet ist.

● Nicht in praller Sonne arbeiten und keine von der Sonne stark erhitzten Flächen streichen.

● Flächen, die keine Farbe mitbekommen sollen, mit Folie, Abdeckpapier und Klebeband sorgfältig abdecken.

23

Der richtige Anstrich für welchen Untergrund?

Untergrund	Vorbehandlung	Tiefgrund	Anstrichmittel
alte, ungestrichene Zementputze	abbürsten oder abwaschen	lösungsmittelhaltig Basis: Brennspiritus	Dispersions- oder Silikatfarben
Asbestzement unbehandelt	abbürsten	lösungsmittelhaltig Basis: Brennspiritus	Dispersions- oder Silikatfarben
Kunstharzputz (intakt)	abbürsten	lösungsmittelhaltig Basis: Testbenzin	Dispersionsfarben
Kalksandstein-Sichtmauerwerk	abbürsten, Ausblühungen trocken abtragen	lösungsmittelhaltig Basis: Brennspiritus oder Nitroverdünnung	ausschließlich Silikatfarben
Ziegel-Sicht-mauerwerk	abbürsten, Ausblühungen trocken abtragen	lösungsmittelhaltig Basis: Brennspiritus oder Testbenzin	lösungsmittelhaltige Polymerisat-harzfarbe
Alte Silikatfarben-anstriche	abbürsten lose Anstrichteile abschaben	lösungsmittelhaltig Basis: Nitroverdünnung	ausschließlich Silikatfarben

Abdichtungen für Balkone und Terrassen

Schadhaft gewordene Abdichtungen von Balkon- und Terrassenflächen (Abb. 1) lassen sich zuverlässig durch eine Beschichtung mit Polyester und Glasseide abdichten.

Hierzu wird die Terrassen- oder Balkonfläche zunächst mit einer Ausgleichsmasse geglättet. Die Übergänge zur Fassade wie auch zu Brüstungen werden mit Polyesterspachtel oder Zementmörtel durchgeführt. Schlitzen Sie etwa 20 cm oberhalb der Terrassenoberfläche die Wandanschlüsse auf und spachteln Sie schräg nach oben bei. Übergang als Hohlkehle ausbilden.

Vor der eigentlichen Beschichtung wird eine einkomponentige Polyurethan-Grundierung aufgetragen. Darauf kommt ein Sperrgrund aus zusätzlich mit Kobaltbeschleuniger versehenem Polyesterharz. Auf den ausgehärteten Sperrgrund wird dann eine Lage Glasmatte mit einem Gewicht von 450 Gramm pro Quadratmeter aufgelegt und von oben mit dem Fellroller mit einer Mischung aus Polyesterharz und Härter durchtränkt. Die Mattenlage wird ca. 5 cm überlappend verlegt und durch die Hohlkehle an den Wänden bis in die zuvor eingebrachten Wandschlitze hochgeführt.

Wenn Balkon oder Terrasse vollflächig beschichtet sind, erfolgt eine Farbversiegelung mit Polyesterharz, dem neben drei Prozent Härter weitere 0,3 Prozent Kobaltbeschleuniger und 20 Prozent Polyester-Farbpaste zuzusetzen sind. Ganz zum Schluß erfolgt dann eine Schlußlackierung aus Polyester – LT-Lack.

Diese Beschichtung erzeugt eine wasserdichte Wanne und beseitigt in der Regel alle Undichtigkeiten (Abb. 2). Bei großen Terrassen und Balkonen können Sie auf Dehnungsfugen nicht verzichten (Abb. 3). Sie müssen auch bei der Beschichtung berücksichtigt werden.

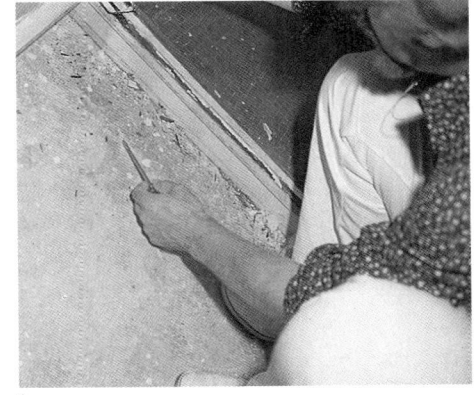

1

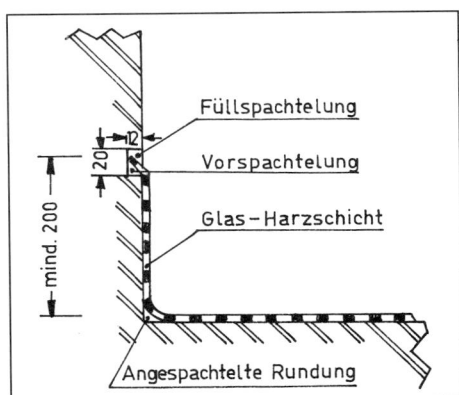

Füllspachtelung

Vorspachtelung

Glas–Harzschicht

mind. 200

Angespachtelte Rundung

2

Glasfaser–Polyester–Beschichtung

Estrichplatte

Schiebeschicht

Stahlbetonplatte

Füllwerkstoff

3

Materialkunde Dichtungsmittel

Abdichtungen für geflieste Flächen

Abdichten mit Folie oder Versiegelungsanstrich

Wenn geflieste Balkone oder Terrassen undicht sind, so können hierfür gravierende Baumängel, aber auch relativ leicht zu behebende Ursachen verantwortlich sein. Im Zweifelsfall sollte man unbedingt den Rat eines Fachmanns einholen. Wenn die Schwellenhöhe der Türen ausreicht, kann man zum Beispiel die Fläche mit einer Folie abdichten, auf der ein neuer Belag auf Stelzlagern verlegt wird. Die Fugen bleiben offen, die Wasserabführung erfolgt unter dem neuen Plattenbelag.

In leichteren Fällen hilft meist eine weniger aufwendige Sanierung in Form eines elastischen Versiegelungsanstrichs (Abb. 1). Hierzu bietet der Fachhandel elastisch eingestellte Beschichtungssysteme an, die meist auf Epoxidharzbasis aufgebaut sind und auf Keramikflächen eine gute Haftung zeigen.

Dauerplastische und -elastische Dichtungsmassen

Häufig sind Feuchtigkeitsprobleme auch die Folge unzureichend abgedichteter Anschluß- oder Dehnungsfugen im Innen- und Außenbereich. Solche Übel lassen sich mit modernen Dichtwerkstoffen zuverlässig abstellen. Der Fachmann unterscheidet dabei zwei Dichtmassensysteme.

Dauerplastische Dichtungsmassen sind meist auf Bitumenbasis aufgebaut und werden vorwiegend im Dachbereich eingesetzt. Sie bleiben weich und können Dehnungsbewegungen auffangen. Dabei kann die an der Oberfläche gebildete Haut durchaus aufreißen. Der Riß schließt sich von selbst durch Neubildung einer Haut aus dem pastösen Material, das darunterliegt.

Dauerelastische Dichtungsmassen werden vorwiegend bei Anschluß-, Dehnungs- und Sanitärfugen eingesetzt. Sie sind in der Regel einkomponentig und auf der Basis

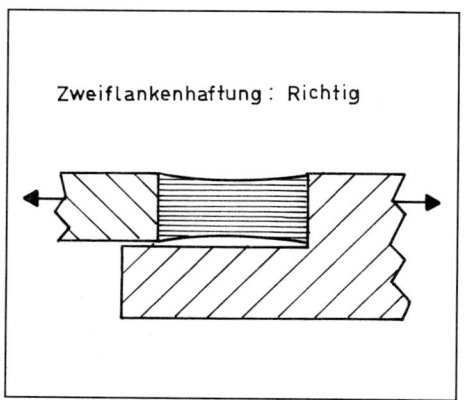

Dreiflankenhaftung einer Fugenmasse : Falsch

Zweiflankenhaftung : Richtig

von Silikon-, Polyurethan- oder Acrylharzen aufgebaut. Die pastöse Masse wird nach dem Auftrag gummielastisch. Dieser Vorgang erfolgt von außen nach innen. Wichtig für einen erfolgreichen Einsatz beider Dichtungsmassen ist die richtige Verarbeitung. Um eine zuverlässige Fugenversiegelung zu erreichen, müssen folgende Bedingungen erfüllt sein:

● die Fugenflanken müssen immer sauber, trocken und fettfrei sein;

● zur Verbesserung der Haftung an den Flanken sollte man am besten einen Primer aufstreichen;

● die Fugen müssen ausreichend breit sein, um über die materialeigene Dehnung die auftretende Dimensionsänderung problemlos zu verkraften;

● die Fugenmasse muß sicher an den seitlichen Fugenflanken, **nicht aber** am Fugengrund haften. Nur so kann sie ihre elastischen Eigenschaften voll ausspielen (vgl. dazu Abb. 2–3). Letzteres läßt sich zuverlässig durch Einlegen eines Schaumstoffprofils in die Fuge sicherstellen, das zudem noch den Materialverbrauch reduziert (Abb. 4–6 zeigen verschiedene Fugenformen). In flachen Fugen hilft Auskleben mit einem Kreppband, dessen Oberseite antihaftbeschichtet ist.

Dichtbänder

Viele Abdichtungsprobleme lassen sich durch selbstklebende Dichtbänder beheben. Sie bestehen aus bituminösen Werkstoffen. Die Bänder werden mit ihrer Schutzfolie aufgeklebt und gehen mit fast allen Untergründen eine wasserdichte Verbindung ein. Sie sind auch mit einer Deckschicht aus Aluminium erhältlich. Eine interessante Alternative zum Ausspritzen von Fugen mit dauerelastischen Fugenmassen sind vorkomprimierte Fugendichtbänder. Sie bestehen aus einem besonders vorbehandelten und mit einer Imprägnierung versehenen Polyurethan-Schaumstoff. Die Imprägnierung sorgt dafür, daß der Schaumstoff sich nach der Montage langsam ausdehnt und so die Fuge zuverlässig abdichtet. Die Dichtleistung ist dabei abhängig vom jeweiligen Kompressionsgrad im eingebauten Zustand und somit von der richtigen Wahl der Banddicke, bezogen auf die Fugenbreite.

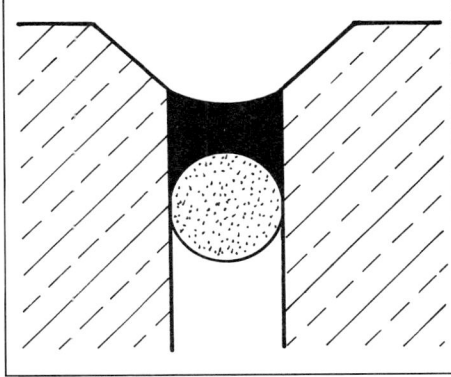

4

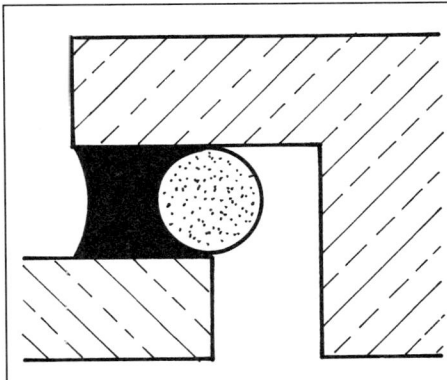

5

6

Materialkunde Dichtungsmittel

27

Reparatur- und Renovierungsmörtel

Der Umgang mit Sand und Zement ist vielen Heimwerkern nicht vertraut, so daß mancher vor Maurer- und Putzarbeiten zurückschreckt. Tatsächlich sind solche Arbeiten aber weniger schwierig, als sie auf den ersten Blick aussehen. Von der Aufgabe des Mörtelansetzens entbinden moderne Fertigmörtel den Heimwerker. Sie werden lediglich vor der Verarbeitung mit einer vorgeschriebenen Wassermenge angesetzt. Orientieren Sie sich anhand der Verpackungsangaben über das richtige Mischverhältnis. Der so vorbereitete Mörtel soll dann eine bestimmte Zeit (vgl. Verpackungshinweis) sumpfen, d. h., Wasser aufnehmen, und wird anschließend gründlich durchgearbeitet. Hierbei ist eine starke Bohrmaschine mit Rührer eine zuverlässige, kraft- und zeitsparende Hilfe. Nach dem Mischen läßt man den Mörtel am besten noch einmal fünf Minuten ruhen, bevor man ihn noch einmal kurz durchmischt und dann verarbeitet.

Fertigmörtel gibt es für die verschiedensten Einsatzgebiete. Der Heimwerker wird zur Althausrenovierung am besten einen universell einzusetzenden Reparatur- und Renovierungsmörtel verwenden, mit dem man mauern, Putzschäden ausbessern, beschädigte Stufen reparieren und ausgebrochenen Putz wiederherstellen kann. Die Mörtelmasse wird mit einer Maurerkelle aufgebracht (Abb. 1). Damit Sie, wie hier abgebildet, eine scharfe Stufenkante erhalten, halten Sie einen Glätter dagegen. Anschließend sorgfältig mit dem Glätter nacharbeiten (Abb. 2).

Mit speziellen Zusätzen läßt sich der Mörtel auch plastifizieren oder wasserdicht einstellen. Diese Zusätze werden einfach dem Ansetzwasser zugefügt oder ersetzen einen Teil dessen.

1

2

Hartschaumplatten mit Holz verkleiden

Druckfeste Hartschaumplatten für Fußböden

Druckfeste Hartschaumplatten für Fassaden

Verschiedene Dämmplatten und -matten

Viele Althäuser weisen Mängel in der Dämmung auf. Energieverluste sind die kostspielige Folge. Dies gilt weniger für Vorkriegsbauten, die meist ein großzügig dimensioniertes Mauerwerk aufweisen, als für Bauten aus den fünfziger und sechziger Jahren. Entweder bestimmte der Mangel an Baustoffen die Bauweise bzw. verdrängte später billiges Heizöl das Problem der Wärmedämmung. Das Prinzip der Wärmedämmung hat der Mensch der Natur abgeschaut. Es besteht darin, den Wärmetransport durch zwischen Fasern oder geschlossenen Zellwänden eingeschlossene Luft gering zu halten. Die Natur demonstriert uns diese Technik mit dem aufgeplusterten Gefieder der Vögel und dem warmen Pelz der Schafe. Moderne Dämmstoffe nutzen das gleiche Prinzip in technisch perfektionierter Form. Sie dürfen nicht zu dicht sein, damit die in den Fasern gespeicherte Luft ein Wärme- und Dämmpolster bilden kann.

Hartschaumplatten

Geschäumtes Polystyrol, allgemein unter der Bezeichnung »Styropor« bekannt, ist in verschiedenen Ausführungen als Plattenware im Handel. So gibt es Platten mit geraden Kanten und solche mit Stufenfalz. Die zuletzt genannte Form ist dämmtechnisch vorteilhaft, weil sie Wärmelecks an den Plattenstößen verhindert. Hartschaumplatten sollten im Hinblick auf den vorbeugenden Brandschutz nur in schwerentflammbarer Ausführung eingesetzt werden. Bei Fußböden wie auch bei Fassadendämmungen sind druckfestere und zugleich durch einen höheren Diffusionswiderstand gekennzeichnete extrudierte Platten zu verwenden.

Für spezielle Aufgaben gibt es heute eine Vielzahl von einbaufertigen Hartschaum-Formteilen – so zum Beispiel für Rolladenkästen, für die Verlegung von Fußbo-

30

Materialkunde Dämmstoffe

denheizungen oder als Formschale für Dusch- und Badewannen.

Polystyrol-Hartschaum ist sehr leicht zu bearbeiten und zeichnet sich durch ein geringes Eigengewicht aus. Letzteres erweist sich als nachteilig, wenn es neben der Wärmedämmung auch um Schallschutz geht. Hier muß man dann auf Mineralfaser- oder Steinwollprodukte ausweichen.

Glasfasermatten

Als Dämmstoffe haben Glasfasermatten eine lange Tradition. Sie werden in verschiedenen Dicken auf Papier oder Alufolie kaschiert geliefert. Als Randleistenmatten in verschiedenen Breiten kommen sie bei der Dämmung unterm Dach zum Einsatz. Die Befestigung erfolgt durch Antackern der Randüberstände an die Sparren. Glasfasermatten brennen nicht, schmelzen aber. Unangenehm ist ihre Eigenschaft, die Haut zu reizen, weshalb man bei der Verarbeitung Handschuhe tragen sollte.

Glasfasermatten für Dachschrägen

Steinwolle

Steinwolle ist ein vielseitiger Dämmstoff mit guten Dämmeigenschaften sowohl gegen Wärmeverluste als auch gegen Schallübertragung. Das Material ist unbrennbar und schmilzt erst bei Temperaturen oberhalb 1000 Grad Celsius. Steinwollplatten gibt es in verschiedenen Dicken als rechteckige Plattenware, für die Dämmung der Dachschräge, auch als praktische Dämmkeile wie auch als Stopfwolle.

Steinwollplatten für abgehängte Decken

Verbundplatten

Zum Dämmen und Verkleiden in einem Arbeitsgang dienen sogenannte Verbundplatten. Sie bestehen aus einer Dämmschicht, die aus Hartschaum wie auch aus Mineralfaser bestehen kann, und einer Deckschicht, die in der Regel mit einem Stufenfalz versehen ist. Solche Elemente kommen zum Beispiel als Gipskartonverbundplatten bei Innendämmungen wie auch als Trokkenestrich-Elemente für Fußböden zum Einsatz. Sie lassen sich mit einem speziellen Kleber leicht an Wänden, Dachschrägen oder Fußböden anbringen. Die Spalten zwischen den Platten können Sie einfach vergipsen und glatt beispachteln.

Dämmkeile aus Steinwolle

31

Dämmkeile für die Dachschräge

Verbundplatten für Wände

Verbundplatten lassen sich einpassen

Dampfsperre antackern

Wichtige Hinweise

Damit die Dämmaterialien auf Dauer wirksam bleiben, ist zwischen bewohnten Räumen auf der einen und kalten Außenwänden beziehungsweise Dachflächen auf der anderen Seite eine Dampfsperre unerläßlich. Sie verhindert, daß jegliche Dämmschicht sich mit Feuchtigkeit anreichert. Dies könnte zu Schimmelbildung führen, welche letztlich das verwendete Material zerstören würde.

Wirkungsvolle Dämmungen müssen lückenlos ausgeführt werden, um Wärmebrücken auszuschließen. Deshalb ist es wichtig, die Dämmkeile oder Platten stets fugenlos zu stoßen!

Dämmaterialien für besondere Anforderungen

Heizkörpernischen sind ein besonderer Problemfall bei der Wärmedämmung. Einem hohen Temperaturgefälle steht in der Regel eine gerade an dieser kritischen Stelle dünnere und damit schlechter dämmende Außenwand gegenüber. Hier hilft Auskleben mit speziellen **Dämmelementen für Heizkörpernischen**. Sie bestehen aus dünnen Hartschaumplatten, die zur Reflexion der Wärmestrahlung auf der später zum Raum weisenden Seite mit Alufolie kaschiert sind (Abb. 1).

Mit den **Einkomponenten-Schäumen** auf der Basis »Polyurethan« besitzt der Heimwerker ein vielseitiges Hilfsmittel zum Dämmen von Fugen, Schlitzen und unregelmäßig geformten Hohlräumen (Abb. 2).

Heizungs-, Warmwasser- wie auch in manchen Fällen Kaltwasserleitungen verlangen im Sinne der Energieeinsparung nach einer ausreichenden Dämmung. Bei der Kaltwasserleitung kann es notwendig sein, um Schwitzwasserbildung zum Beispiel bei der Auf-Wand-Installation in nachträglich eingerichteten Bädern zu vermeiden, eine Rohrdämmung anzubringen.

Zu diesem Zweck gibt es für jeden **üblichen Rohrdurchmesser** flexible **Schaumschalen**, die das Rohr rundum umschließen. Für Bögen gibt es entsprechende Formstücke, ebenso für T-Stücke und Abzweige. Man kann aber auch solche Bereiche mit einer stabilen Kunststofffolie überbrücken, die zwischen die Enden der anschließenden Rohrschalen gespannt und mit Klebeband befestigt wird. Der so gebildete Hohlraum wird dann mit Einkomponenten-Schaum ausgeschäumt.

Wanddurchtritte von Rohren sollte man ebenfalls durch Rohrschalen oder Ausschäumen eines Ringspaltes zwischen Mauerwerk und Rohr dämmen, um Schallübertragungen zu vermeiden.

1

2

Materialkunde Dämmstoffe

Trennwände aus Gasbeton

1

2

3

Bei der Althaus-Sanierung und -Renovierung stellt sich oft die Notwendigkeit, den vorhandenen Grundriß zu verändern, um große Räume zu teilen oder von einem Raum Platz für ein Bad oder eine Küche abzutrennen. Dabei werden Trennwände selten konventionell aus Steinen und Mörtel aufgemauert. Oft ist dies für die darunterliegende Decke allein aus Gewichtsgründen nicht möglich. Nicht selten scheidet Massivmauerwerk auch als Problemlösung aus, weil korrektes Mauern für viele Heimwerker ein schier unlösbares Problem darstellt.

Eine auch für den Selbermacher attraktive Alternative zum konventionellen Mauerwerk bieten Gasbeton-Plansteine. Sie bieten dank ihres geringen Raumgewichts keine Probleme hinsichtlich der zulässigen Deckenlast und lassen sich dank ihrer planebenen Flächen und ihrer rechtwinkligen Ausführung leicht aufmauern. Mit einem speziellen Klebemörtel verbinden Sie die Steine. Er wird dünn aufgezogen und bringt so nur wenig Feuchtigkeit in den Bau ein. Das gängige Maß der großformatigen Gasbeton-Plansteine beträgt 50×25×10 cm (Abb. 1).

Bei sorgfältiger Arbeit läßt sich mit diesem Material eine absolut glatte Wand errichten, die Sie nachträglich nicht verputzen müssen (Abb. 2). Nachdem Sie die Fläche glattgespachtelt (Abb. 3) und eine Tiefgrundierung aufgetragen haben, kann tapeziert oder gefliest werden. Auch dünnschichtige Struktur- und Leichtputze bieten interessante Gestaltungsmöglichkeiten.

Besonders vorteilhaft erweist sich die leichte Bearbeitbarkeit von Gasbeton mittels Handsäge oder elektrischem Fuchsschwanz. Wenn Sie umfangreiche Arbeiten mit Gasbeton vorhaben, dann lohnt sich auch die Anschaffung einer speziellen Gasbetonsäge.

Gipskartonplatten für den Trockenausbau

Besonders heimwerkerfreundlich sind Gipskartonplatten, deren trockene Montage keinerlei Feuchtigkeit in den Baukörper einbringt und nach Fertigstellung der Wand sofort tapezierfähige Flächen liefert.

Für Trennwände aus Gipskartonplatten muß zunächst ein Ständerwerk aus Holz oder Metallprofilen als tragende Konstruktion errichtet werden. Anschließend wird das Ständerwerk ein- oder zweilagig mit Gipskartonplatten beplankt (Abb. 1).

Metallprofile sind unumgänglich, wenn Brandschutzanforderungen zu erfüllen sind. Das Ständerwerk kann, wenn besondere Ansprüche an den Schallschutz gestellt werden oder in der Trennwand Raum für Rohrleitungen geschaffen werden soll, auch auf Abstand gesetzt doppelt ausgeführt werden. Dabei sind die senkrechten Streben jeweils um eine halbe Feldbreite gegeneinander versetzt anzuordnen. Zwischen ihnen verläuft die Dämmung bzw. die Installation zum Beispiel für eine abgeteilte Küche oder ein Bad (Abb. 2).

Als Dämmeinlage empfiehlt sich nicht brennbare, zugleich schall- und wärmedämmende Steinwolle. Bei einer insgesamt 7,5 cm dicken, beidseitig einlagig beplankten Trennwand mit Metallständerwerk und 4 cm dicker Steinwoll-Dämmeinlage wird ein Schalldämmaß von 44 dBA erreicht. Wird dagegen ein Doppelständerwerk mit 8 cm dicker Dämmeinlage und beidseitig doppelter Beplankung verwendet, so ist mit dieser Konstruktion ein Schalldämmaß von 57 dBA bei 25,5 cm Gesamtwanddicke erreichbar.

Gipskartonplatten gibt es von verschiedenen Herstellern in unterschiedlichen Abmessungen, Stärken und Kantenausbildungen. Für die Althaus-Renovierung im Do-it-yourself-Verfahren sind jedoch die handlichen

1

2

3

Materialkunde Ausbaustoffe

4

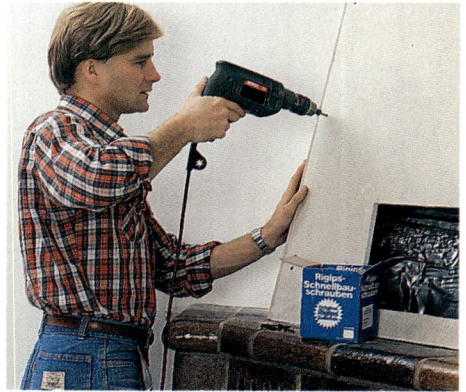

5

6

Einmannplatten gut geeignet, weil man sie durch relativ enge Treppenhäuser transportieren kann.

Für Feuchträume wie Küche und Bad (Abb. 3) gibt es speziell imprägnierte Platten, die an ihrer Einfärbung (zum Beispiel hellgrün) zu erkennen sind (Abb. 4).

Sollen Trennwände zugleich eine feuerhemmende Funktion haben, so sind ausgesprochene Feuerschutzplatten zu verwenden. Ihr Kern ist zusätzlich glasfaserarmiert, um im Brandfall einen besseren Zusammenhalt sicherzustellen. Durch das im Gips gebundene Kristallwasser, das bei Hitzeeinwirkung freigesetzt wird, sind Gipskartonplatten von Natur aus im Brandfall relativ widerstandsfähig. Solche Platten eignen sich auch zur Verkleidung von Kaminaufsätzen (Abb. 5).

Universell einsetzbar sind faserarmierte Ausbauplatten, denn sie sind nicht nur mechanisch höher belastbar als übliche Gipskartonplatten, sondern zugleich auch für Feuchträume geeignet, nicht brennbar (Baustoffklasse A2) und beim Dachgeschoßausbau feuerhemmend (F 30) in Verbindung mit Mineralfaser-Dämmstoffen.

Die übliche Dicke von Gipskarton- und faserarmierten Bauplatten liegt bei 10 mm. Es gibt aber auch stärkere Platten mit 12,5 oder 15 mm Dicke. Der Zeit- und Materialaufwand bei der Unterkonstruktion läßt sich durch eine neue 20 mm dicke Wohnbauplatte erheblich reduzieren. Sie ist ebenfalls universell einsetzbar und dient zugleich als Feuerschutz- und Feuchtraumplatte.

Allen genannten Ausbauplatten auf Gipsbasis ist bei fachgerechter Montage eine planebene, tapezierfertige Oberfläche gemeinsam (Abb. 6). Das Material schafft durch seine Fähigkeit, Feuchtigkeit zu regulieren, ein gesundes Wohnklima.

Andere Verkleidungen für Ständerwerke

Selbstverständlich lassen sich Ständerwerke auch mit anderen Materialien als Tapeten verkleiden. Geeignet sind zum Beispiel Nut-Feder-Bretter, Edelholzpaneele, Kassettenplatten, Akustikplatten und dekorbeschichtete Ausbauplatten.

Dabei ist die jeweilige Unterkonstruktion den Erfordernissen und Abmessungen der gewählten Bekleidungsmaterialien anzupassen.

Verbundplatten für schadhafte Fußböden

Für ausgetretene oder unebene Estrichflächen gibt es selbstverlaufende Ausgleichsmassen. Die sogenannten **Fließestriche** werden mit Wasser zu einer fließfähigen Konsistenz angemischt, im Raum verteilt und verlaufen von selbst in die Waage. Eine plane Oberfläche entsteht, auf der Holzdielen oder Fliesen verlegt werden. Alte Holzdielenböden lassen sich heute ebenfalls mit modernen Belägen wie Teppichboden oder Fliesen belegen. Hierbei kommen spezielle Ausgleichsmassen zum Einsatz, die mit einer armierenden Gewebeeinlage auf den gereinigten Holzboden aufgebracht werden. Beide Methoden können praktisch ohne nennenswerte Erhöhung des Fußbodenniveaus realisiert werden, und allenfalls der Einsatz von Fitschenringen (Beilagscheiben) oder geringes Abhobeln des Türblattes ist erforderlich, damit sich die Zimmertür weiterhin problemlos auf- und zumachen läßt. Eine grundlegende Fußbodenerneuerung – zum Beispiel aus Gründen der Festigkeit oder mangelnden Schallschutzes – bringt Probleme mit den Raumtüren mit sich. In der Regel müssen die Türen erheblich gekürzt werden, wenn der Altboden durch eine Auflage saniert wird – z. B. mit Sperrholzfedern verbundenen Spanplatten (Emissionsklasse E1 oder formaldehydfrei) bzw. durch miteinander verklebte oder verschraubte Trockenestrichelemente (Abb. 1–3) oder Verbundplatten. Wichtig bei allen Plattenauflagen ist die Vermeidung von Kreuzfugen.

Die Abbildungen 1–3 zeigen den Fußbodenaufbau. Die jungen Leute in unserem Beispiel wollten das Fußbodenniveau deutlich durch ein Podest erhöhen. Verwendet haben sie dazu Hartschaumplatten. Die Abdeckung wurde mit Trockenestrichelementen durchgeführt, die sich sehr leicht einbauen lassen.

1

2

3

Materialkunde Ausbaustoffe

Die wichtigsten Werkzeuge

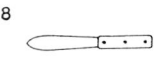

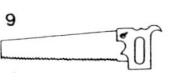

die Anschaffung. Wichtig bei Vorarbeiten zum Lackieren aber auch beim trockenen Innenausbau.

7. Schmelzklebepistole: Ideal zum schnellen Fixieren von Dämmstoffen und Abdeckungen, universell bei fast allen Werkstoffen einsetzbar.

Auf diesen beiden Seiten sind in Kurzbeschreibungen die wichtigsten Werkzeuge zusammengestellt, die sich bei der Althaus-Modernisierung in Eigenhilfe neben der Standardausstattung als nützlich, zeit- und kraftsparend erweisen. Welche Werkzeuge Sie für einzelne Arbeitsgänge und Anleitungen brauchen, ersehen Sie aus den Abbildungen unter der Rubrik »Werkzeuge«, die Sie bei allen Arbeitsanleitungen finden.

Werkzeuge zum Dämmen

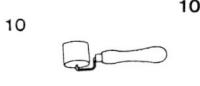

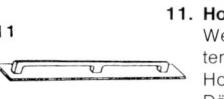

8. Sägemesser: Ein Haushaltssägemesser ist ideal zum Zuschneiden von Hartschaum und Dämmstoffen.

9. Fuchsschwanz: Größere Zuschnitte von Gipskarton-Verbundplatten gelingen maßgerecht mit einem Fuchsschwanz.

10. Gummiwalze: Die zylindrische Gummiwalze dient zum Andrücken von Untertapeten (wie auch beim Tapezieren von Rauhfaser und anderen druckunempfindlichen Wandbekleidungen).

11. Holz- oder Alukartätsche: Dieses Werkzeug ähnelt einem langen, breiten Lineal mit mittig angebrachtem Holzgriff und dient zum Anklopfen von Dämmplatten aber auch zum Planziehen von Putz.

Wichtige Elektrowerkzeuge

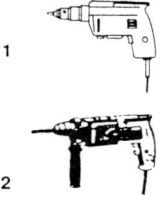

1. Schlagbohrmaschine: Leistung etwa 600–800 Watt, Rechts/Links-Lauf und elektronische Drehzahlregelung eröffnen universelle Einsatzmöglichkeiten beim Schlagbohren, Bohren, Schrauben und Gewindeschneiden.

2. Bohrhammer: Dieses Werkzeug spart Zeit, Kraft und Enttäuschung bei harten Baustoffen wie Beton, hartgebrannten Ziegeln und Naturstein.

3. Handkreissäge: Für alle Holzarbeiten ist eine leistungsfähige Handkreissäge hilfreich. Ratsames Zubehör: Sägetisch und Wanknuteinrichtung.

4. Stichsäge: Mit einer elektronischen Hubzahlregelung und möglicherweise Pendelhubschaltung ist die Stichsäge ideal zum Kurvenschneiden und für Ausschnitte aus Platten. Praktisch auch bei der Verarbeitung von Gipskartonplatten.

5. Lochsäge: Zusatzgerät zur Elektrobohrmaschine. Mit ihr lassen sich paßgenaue Löcher in Holz oder auch Fliesen bohren.

6. Schwingschleifer: In Anbetracht der vielfältigen Schleifarbeiten lohnt sich

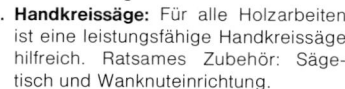

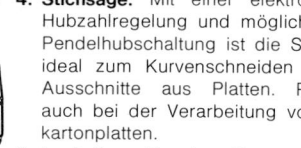

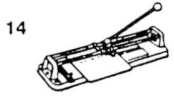

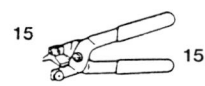

12. Auspreßpistole: Sie dient zum Auspressen von Dichtungs- und Versiegelungsmassen oder Klebern, die in Kartuschenform geliefert werden.

13. Tacker: Zum Befestigen von Dampfsperren z. B. aus Alufolien auf Dämmmaterialien.

Werkzeuge zum Fliesenlegen

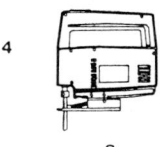

14. Fliesenschneidemaschine: Dieses praktische Gerät mit Anschlaglineal macht sich durch Verringerung des Fliesenbruchs bei größeren Fliesenarbeiten von selbst bezahlt. Wichtig: Stabile Ausführung und Diamantschneidrad.

15. Fliesenbrechzange: Dieses Werkzeug dient zum Ausarbeiten von Rohrdurchtritten aus Fliesen. Wichtig: Immer nur kleine Bröckchen von der Zange abknabbern, sonst gibt es Bruch.

16. Fugengummi: Dieser Wischer mit Gummileiste dient zum Einrakeln der

16

Fugenmasse in die Fugen und wird unter leichtem Druck im Bogen über die Fliesen geführt.

16. Zahnkelle: Zum Durchkämmen des Fliesenklebers.

Werkzeuge zur Oberflächenbehandlung

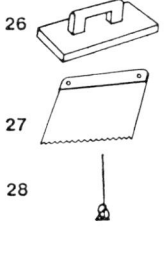

17

17. Elektrische Spritzpistole: Ideales Werkzeug zum Auftrag von Silikon-Imprägnierungen auf Fassaden im Flut-Verfahren. Dabei von oben nach unten arbeiten! Auch zum Auftragen von Lacken ggeignet.

18

18. Deckenbürste: Wichtiges Werkzeug zum Auftrag von Grundierungen. Garantiert besseres Eindringen der Farbe als der Auftrag mit der Rolle.

19

19. Schaumstoffwalze: Sie eignet sich zum Auftrag von Klebern und Teppichfixierung wie auch zum Strukturieren von Putzen.

20

20. Lammfellwalze: Zum Auftrag von Dispersionsfarben, Lacken wie auch zum Andrücken empfindlicher Prägetapeten. Im letzteren Falle nur ungebrachte Rolle verwenden.

21

21. Lackierschale: Flache Kunststoffschale mit schrägem, meist geripptem Boden zur Aufnahme von Lack mit der Lackierwalze und gleichzeitigem Abrollen überschüssigen Materials an der Schräge.

22. Tapeziertisch: Zum Zuschnitt von Tapetenbahnen.

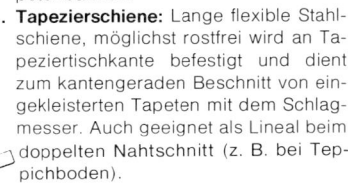

22

23. Tapezierschiene: Lange flexible Stahlschiene, möglichst rostfrei wird an Tapeziertischkante befestigt und dient zum kantengeraden Beschnitt von eingekleisterten Tapeten mit dem Schlagmesser. Auch geeignet als Lineal beim doppelten Nahtschnitt (z. B. bei Teppichboden).

23

Werkzeuge zur Putz- und Mörtelverarbeitung

24

24. Mörtelkelle: Stahlkelle zum Auftrag von Reparatur- und Fertigmörtel.

25

25. Glättkelle: rechteckige Kelle mit mittigem Griff zum Glätten von Putz- und Mörtelflächen.

26
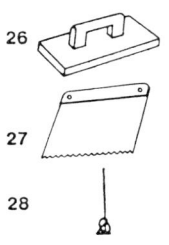

27

28

29

26. Reibebrett: Dient zum Strukturieren und Glätten von Reibeputzen.

27. Zahnspachtel: Werkzeug in verschiedenen Zähnungen zum Auftrag von Fliesen- und sonstigen Klebern.

28. Rührer: Spindel mit Mischkorb zum Mischen von Mörteln, Putzen, Klebern und Farben, wird in eine leistungsfähige Bohrmaschine eingespannt.

29. Malerspachtel: Stielspachtel zum Ausbessern von Putzflächen mit Füllstoff wie auch zum Abkratzen von Farben und Tapeten.

Weitere wichtige Werkzeuge

30
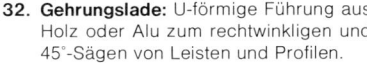

31

32
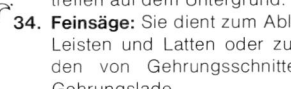

33

34
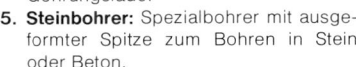

35

36
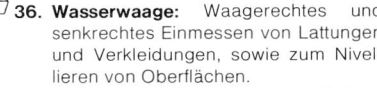

37

38

39

40
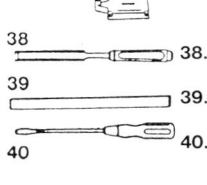

30. Schraubervorsatz: Automatisch auskuppelnder Schrauber zum Einspannen ins Bohrfutter. Ideal beim trockenen Innenausbau.

31. Cuttermesser: Universalmesser mit verstellbaren, austauschbaren Klingen zum Ritzen von Gipskartonplatten und zum Schneiden von Teppichböden, Kork- und Kunststoffplatten.

32. Gehrungslade: U-förmige Führung aus Holz oder Alu zum rechtwinkligen und 45°-Sägen von Leisten und Profilen.

33. Schlagschnur: Mit Kreide oder Pulverfarbe eingefärbte Schnur zum Markieren von langen geraden Linien. Wird straff gespannt und wie eine Saite angezupft. Markiert Farblinie beim Auftreffen auf dem Untergrund.

34. Feinsäge: Sie dient zum Ablängen von Leisten und Latten oder zum Schneiden von Gehrungsschnitten in der Gehrungslade.

35. Steinbohrer: Spezialbohrer mit ausgeformter Spitze zum Bohren in Stein oder Beton.

36. Wasserwaage: Waagerechtes und senkrechtes Einmessen von Lattungen und Verkleidungen, sowie zum Nivellieren von Oberflächen.

37. Bohrständer: Zusatzgerät zur Elektrobohrmaschine, um paßgenaue Bohrungen vornehmen zu können.

38. Stechbeitel: Zum Ausstemmen von Löchern in Paneelen etc.

39. Richtscheit: Zum Messen der Höhendifferenz von Verlegeflächen.

40. Schraubenzieher: In verschiedenen Größen erhältlich.

1

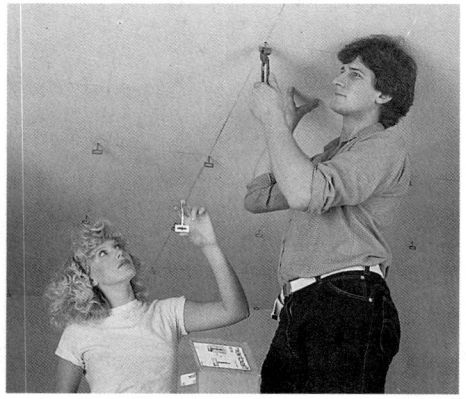

2

3

Richtig dübeln – leichtgemacht

Bei der Althausmodernisierung müssen Sie sich über verschiedenste Befestigungsmethoden Gedanken machen, da Sie bei Ihrer Arbeit auf die unterschiedlichsten Baustoffe treffen.

Wenn Sie mit der Geschichte Ihres Hauses nicht vertraut sind, sollten Sie bei der Planung von Montagen an Wänden, Decken und Böden nicht auf einen Metalldetektor verzichten, denn vor allem bei Häusern, die in der unmittelbaren Nachkriegszeit gebaut oder wiederaufgebaut, umgebaut oder erweitert wurden, müssen Sie damit rechnen, daß aufgrund mangelnder Materialien Leitungen zuweilen auch diagonal, statt im rechten Winkel verlegt wurden.

Als Faustregel für Montagen im Altbau gilt, je mühsamer das Bohren, um so sicherer die Verankerung des in die Bohrung gesetzten Dübels. So groß die Versuchung sein mag, die weiche Mörtelfuge hartgebrannten Ziegeln vorzuziehen, wirklichen Halt bietet nur ein fester Verankerungsgrund.

In relativ wenig druckfesten Baustoffen läßt sich die Haltekraft steigern, indem man längere Dübel wählt und so eine tiefe Verankerung im Baustoff ermöglicht wird. Eine weitere Methode verspricht Erfolg, über einen dickeren Dübel und eine entsprechende Schraube die auftretende Belastung großflächig zu verteilen.

Für Steine mit Hohlräumen gibt es Dübel mit besonders langer Verankerungszone oder auch Spezialdübel, die sich durch eine Mörtelinjektion ballonartig aufblähen und so durch Formschluß eine sichere Verankerung garantieren.

Verankerungsprobleme kann es vor allem im Bad und in der Küche geben, wenn die Wandfliesen in der althergebrachten Dickbettmethode angebracht sind. Hier muß ein Dübel gewählt werden, der lang genug ist, um das Mörtelbett der Fliesen voll zu durchdringen und sich im soliden Mauerwerk zu verankern. Noch länger muß der Dübel sein, wenn neue Fliesen im Dünnbettverfahren auf die alten Fliesen geklebt wurden. Durch Abklopfen des Fliesenbelags mit dem Fingerknöchel oder einem Hammerstiel läßt sich feststellen, ob eine Dickbettverlegung vorliegt, da hierbei die Fliesenekken in der Regel hohl liegen, d. h. nicht mit Mörtel hinterfüttert sind.

1. Um Fliesenbruch zu vermeiden, verwenden Sie beim Bohren einen auf Schnitt geschliffenen Hartmetallbohrer (im Bild links abgebildet). Dann durchbohren Sie die Fliesen im Drehgang Ihrer Bohrmaschine, erst nach Durchbohren der Fliesen auf Schlagbohren umschalten!

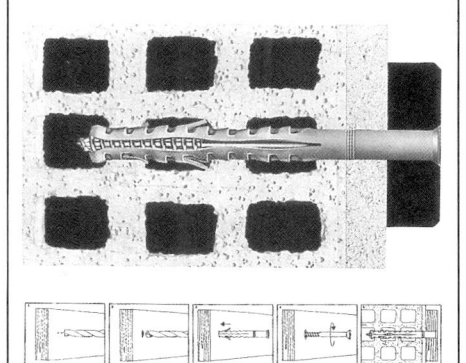

4

2. Um den Bohrer scharf zu halten, am besten zuerst alle Fliesen durchbohren, dann mit gewöhnlichem Steinbohrer (rechts im Bild der Abb. 1) weiterbohren!

3. Probleme kann es auch bei Deckenmontagen geben. Viele Altbaudecken bestehen noch aus einem über Balken gespannten Drahtgewebe oder Rohrmatten aus Schilf, die den Deckenputz tragen. Hier helfen nur Hohlraumdübel. Wegen der schlecht abzuschätzenden Belastbarkeit sollte man den Dübelabstand relativ eng wählen, wenn es zum Beispiel darum geht, eine Decke abzuhängen. Am besten ist es, die Balken zu suchen, denn an ihnen hält die Decke am besten.

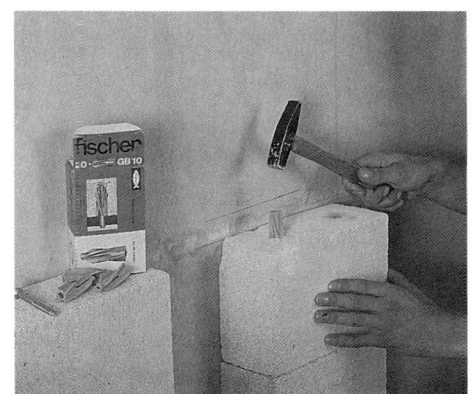

5

In wiederaufgebauten Althäusern stößt man oft auf Betondecken mit verhältnismäßig geringer Überdeckung der Stahlarmierung. Hier helfen Laschenanker aus Stahl, die mit nur 30 mm Bohrtiefe und 8 mm Bohrlochdurchmesser auskommen. Beim Bohren über Kopf ist übrigens ein leichter Bohrhammer eine große Hilfe.

4. Bei Häusern mit massivem Außenmauerwerk kann man durchaus bei den Innenwänden auf Wandbaustoffe verhältnismäßig geringer Druckfestigkeit stoßen, vor allem dann, wenn das Haus schon einmal um- oder nach Kriegsschäden wiederaufgebaut wurde. Relativ problemlos sind Trennwände aus Bims und Schwemmsteinen, in denen normale Nylondübel Halt finden, Lochsteine sind ebenfalls kaum problematisch, wenn man

6

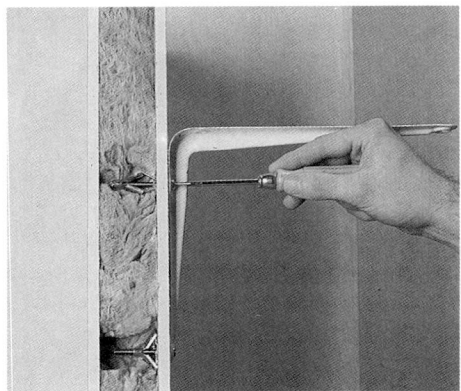

7

8

9

extra lange Nylondübel wählt, die zumindest an einem oder besser noch an zwei Querstegen Halt finden. Bereits beim Bohren merkt man, wie groß die Hohlräume sind, da der Bohrer nach einiger Zeit ins Leere stößt, bevor er wieder Widerstand findet. Wie der Nylondübel Schritt für Schritt im Mauerwerk befestigt wird, zeigt Ihnen Abbildung 4.

5. In jüngerer Zeit umgebaute Häuser haben zuweilen Trennwände aus Gasbeton. Hierin finden Spezialdübel sicheren Halt, die über einen dicken Kern und korkenzieherartig gewundene Flächen für eine großflächige Lastverteilung sorgen.

Während Gasbeton am geringen Bohrwiderstand und weißlichem Bohrmehl zu identifizieren ist, erkennt man porosierte Ziegel am rötlichen Bohrmehl, ebenfalls geringem Bohrwiderstand und etappenweisem Durchstoßen der Stege zwischen den Hohlräumen im Inneren der Steine. Da diese Stege für die Dübelverankerung wichtig sind, sollte man porosierte Ziegel möglichst im Drehgang bohren, damit die Stege erhalten bleiben.

6. Bei Trennwänden stößt man häufig auch auf Gipsplatten, die nach einer sorgfältigen Verankerung verlangen, wenn höhere Lasten aufzunehmen sind. Dies gelingt einmal über den Einsatz entsprechend dicker oder langer normaler Nylondübel oder durch die Verwendung von Injektionsankern, die über einen flüssig eingespritzten Mörtelkern die Belastung in einem umgekehrt konischen Bohrloch großflächig verteilen.

7. Bei Leichtbau-Trennwänden mit beidseitig beplanktem Ständerwerk kommen Hohlraumdübel zum Einsatz, die sich beim Anziehen der Befestigungsschraube großflächig auf der Plattenrückseite abstützen.

8. Sollen schwere Gegenstände an leichten Trennwänden oder Vorsatzschalen befestigt werden, so sind hierfür entsprechende Holzriegel vorzusehen oder bei Vorsatzschalen großflächige Holzeinlagen auf die Wand zu dübeln, die die Druckbelastung aufnehmen. Bei Reihenmontagen an massiven Baustoffen – zum Beispiel beim Trennwandbau – sind Nageldübel eine patente Lösung.

9. Mit einem Hammer treiben Sie den Schraubnagel in den Dübel und befestigen so das Kantholz.

Dämmen ohne Probleme

Innendämmung mit Gipskarton-Verbundplatten
Eine unzureichende Wärmedämmung von Außenwänden läßt sich häufig durch eine Innendämmung ausgleichen. Lassen Sie sich gegebenenfalls von einem Fachmann beraten, ob Sie nicht auch eine Dampfsperre vorsehen sollten. Für die Dämmung von Außenwänden haben sich insbesondere im Altbau Gipskarton-Verbundplatten bewährt. Sie bestehen aus einer Gipskartonplatte mit rückseitiger Hartschaumauflage, die fest mit der Gipskartonplatte verklebt ist. Die Verbundplatten sorgen für eine Verbesserung der Dämmung und ergeben zugleich eine glatte, tapezier- oder streichfähige Oberfläche. So verschwinden gleichzeitig mit der Dämmaktion auch Putzschäden wie Risse und Unebenheiten. Ideal ist diese Methode auch beim Dachausbau, wo sie zum Beispiel an den Giebelwänden für eine Verbesserung der Wärmedämmung sorgt und zugleich eine einwandfreie Putzfläche liefert.
Die Montage der Verbundplatten erfolgt entweder mit einem Ansetzbinder, der direkt auf das rohe Mauerwerk oder dem tragfähigen Altputz aufgebracht wird. Sie können aber auch mit Schrauben auf einer Holzunterkonstruktion befestigt werden, die aus Kanthölzern besteht, die im Abstand von 42 cm quer zum Plattenverlauf auf die Wand gedübelt sind. Verbundplatten lassen sich auch mit einem vollflächig aufgetragenen Spezialkleber auf tragfähige Untergründe anbringen. Sandende, staubende oder stark saugende Untergründe müssen vor dem Auftrag von Ansetzbinder oder Kleber tiefgrundiert werden.

1

2

1. Dämmung und Verputz in einem Arbeitsgang anzubringen, ist eine einfache Methode, wie das Beispiel der Montage mit Ansetzbinder zeigt.

3

4

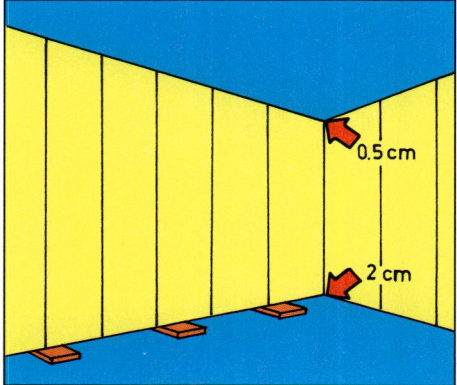

0,5 cm

2 cm

5

6

Die Platten lassen sich einfach mit einem Fuchsschwanz oder einer Handkreissäge – am besten mit Staubabsaugung – zuschneiden. Dabei bemessen Sie die Länge der Verbundplatten so, daß an der Decke ein 0,5 cm breiter und am Fußboden ein fingerbreiter Luftspalt verbleibt, der für die zum Abbinden des Ansetzmörtels nötige Luftzirkulation sorgt und erst später verspachtelt wird.

2. Auf die Schaumrückseite der Platten trägt man nun an den Kanten streifenförmig und in der Mitte in handgroßen Batzen Ansetzmörtel auf. Dieser wurde zuvor mit Wasser angesetzt und mit einem in die Bohrmaschine gespannten Rührer intensiv durchgearbeitet.

3. Nun wird Platte für Platte an die Wand gesetzt, angedrückt, mit der Wasserwaage und einem geraden Brett in der Senkrechten wie auch in der Wandflucht ausgerichtet. Dabei sorgen kleine Keile für den erwähnten Bodenabstand. Die Platten überlappen einander durch ihren seitlichen Stufenfalz, der dadurch entsteht, daß Gipskartonplatte und Schaumschicht um einige Zentimeter gegeneinander versetzt angeordnet sind. So werden Wärmebrücken wirkungsvoll vermieden.

4. Um dies auch bei Fensterlaibungen sicherzustellen, wird die Schaumschicht im Bereich der Fensterlaibungen so beschnitten, daß sie hier ebenfalls einen Stufenfalz bildet. Sorgfältige und paßgenaue Arbeit sorgt dabei für eine wärmetechnisch einwandfreie Lösung und einen perfekten Anschluß der Platten im Eckbereich. Wenn der Ansetzbinder nach ein bis zwei Tagen abgebunden hat, können die gerundeten Stoßfugen mit verarbeitungsfertiger Spachtelmasse oder mit Fugenfüller, der mit Wasser angesetzt wird, verfugt werden.

5.–6. Ebenso verfahren Sie mit den waagrechten Stoßfugen, die Sie an den Kanten angeschliffen und damit angeschrägt haben, bevor Sie mit der Spachtelarbeit beginnen. Zum Schluß werden die Anschlußfugen am Boden und an der Decke mit dem gleichen Material zugespachtelt.

Innendämmung durch eine Vorsatzschale

Verhindern stark unebene Wände, daß Gipskarton-Verbundplatten eingesetzt werden können, oder sind höhere Ansprüche an die zusätzliche Dämmung zu stellen, als sie die nur 20 mm dicke Hartschaumauflage der Verbundplatten ermöglicht, so bietet sich die Lösung einer freistehenden Vorsatzschale mit dahinter angeordneter Dämmschicht an. Dabei stehen verschiedene Ausführungsmöglichkeiten zur Wahl.

7. Dämmtechnisch optimal ist folgende Konstruktion. Zuerst wird die zu dämmende Wandfläche fugenlos mit Dämmplatten verkleidet. Dabei stehen Hartschaumplatten oder Mineralfaser- und Steinwollplatten zur Wahl.

Vor der auf diese Weise gedämmten Wand wird nun ein Ständerwerk aus Metallprofilen oder aus Holzlatten (3×5 cm) errichtet, das anschließend mit Gipskartonplatten beplankt wird. Befestigen Sie das Ständerwerk an Decke und Fußboden. Das Rastermaß der Unterkonstruktion richtet sich dabei nach dem verwendeten Plattenmaterial und dem Plattenformat. Bei 100×150 cm großen faserarmierten Platten haben die senkrechten Ständerhölzer einen Mittenabstand von 50 cm, bei Einmannplatten beträgt der Mittenabstand 42 cm, wobei die Lattung stets quer zur Plattenlaufrichtung anzuordnen ist.

8. Man kann aber auch die Unterlattung direkt auf die Wand dübeln, etwaige Unebenheiten des Untergrunds durch Hinterkeilen ausgleichen und die Zwischenräume zwischen den Leisten mit Dämmstoffzuschnitten ausfachen. Danach können Sie die Fläche mit Gipskartonplatten oder auch mit Nut-Feder-Brettern oder Paneelen verkleiden.

Bei geringem Dämmdefizit helfen schon Untertapeten

9. Manchmal gilt es, nur unerhebliche Mängel in der Dämmung auszugleichen. Hier reichen oft schon Untertapeten aus, die in verschiedener Form aus dünnem Polystyrol-Hartschaum oder auch aus genoppter Filzpappe im Handel sind. Letztere haftet nur punktförmig auf dem Untergrund und vermag so auch Rißrisiken zu verringern. Imprägnierte Ausführungen empfehlen sich bei geringfügig feuchten Wänden. Untertapeten werden in ein vollflächig mit einer Lammfellwalze auf die Wand aufgerolltes Dispersionskleberbett eingelegt und mit einer Gummiwalze nahtschlüssig angedrückt.

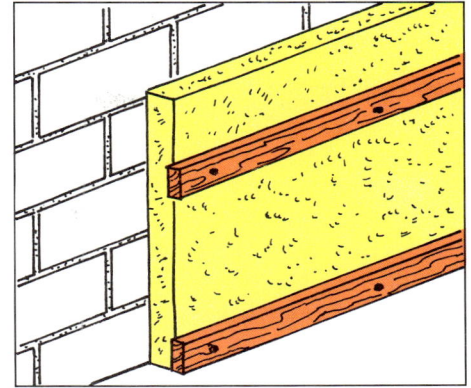

7

8

9

Schalldämmen mit Akustikplatten

»Der Schall ist ein komplexes Ding.« So beginnen manche Fachleute ihre Ratschläge zum Thema »Schalldämmung« und weisen damit auf die vielschichtige und schwierige Problematik eines wirksamen Schallschutzes hin. Am wirkungsvollsten sind Schalldämmaßnahmen, wenn sie auf der Seite vorgenommen werden, auf der die Lärmquelle wirkt. Schallschutzmaßnahmen müssen sehr sorgfältig und vor allem lückenlos ausgeführt werden. Die Energie des Schalls läßt sich auf verschiedene Weise dämpfen. Dies gelingt einmal durch Masse. Dicke Massivwände nehmen dem Schall genauso die Energie wie absorbierende Werkstoffe. Zu ihnen gehören dicke, flauschige Stoffe ebenso wie zum Beispiel Steinwolle. In schallabsorbierenden Werkstoffen wird die Schwingungsenergie in Wärme umgewandelt und so der Lärmausbreitung wirkungsvoll begegnet.

Wenn es gilt, sich gegen von außen einwirkenden Lärm zu schützen, so helfen einmal Isolierglasfenster, die außer mit der normalen Verglasung auch mit Schallschutzverglasung angeboten werden.

Bei intensiver Beschallung des Hauses dringt der Lärm aber auch durch die Hauswände. Hier hilft eine vorgehängte Fassade mit einer außen auf dem Fassadenmauerwerk aufgebrachten Steinwolldämmschicht und davorliegender, hinterlüfteter Fassadenverkleidung.

Um der Schallausbreitung im Inneren des Hauses zu begegnen, bedarf es vor allem in sogenannten hellhörigen, d. h., mit dünnen Wänden und Decken erbauten Häusern einigen Aufwands, in den unter Umständen auch die Türen einzubeziehen sind.

Besonders notwendig sind Schallschutzmaßnahmen in Kinder- und Jugendzimmern, wo die Wogen des Temperaments oft höher schlagen oder Popmusik dröhnt. Aber auch bei einem an Schlaf- oder Kinderzimmer angrenzenden Wohnzimmer können Schallschutzmaßnahmen vernünftig sein, wenn die Bausubstanz keinen ausreichenden Schallschutz bietet.

Ein wirkungsvoller Schallschutz muß Wände, Boden und Decke erfassen. Beim Schallschutz für Wände ergeben sich verschiedene Möglichkeiten. So kann man zum Beispiel die hellhörigen Wände fugenlos mit Steinwollplatten bekleben und vor dieser Dämmschicht eine Stoffbespannung vorsehen. Diese befestigen Sie mit einem Klettenband auf einem vor der Dämmung angebrachten Holzrahmen. Im Fachhandel gibt es auch praktische Klemmleisten für Wandbespannungen.

1. Eine andere praktische Lärmbarriere sind sogenannte Akustikplatten. Sie können zum Beispiel aus Röhrenspanplatten bestehen, die einseitig geschlitzt sind. Das relativ schwere Material sorgt im Verein mit den Hohlräumen, in denen sich der Schall buchstäblich verläuft, für eine gute Schalldämmung. Man kann solche Akustikplatten auf ebenen Wänden recht gut mit Klebepads oder elastischen Montageklebern befestigen, aber auch auf einer Unterlattung montieren.

Im letzteren Fall werden zunächst quer zur geplanten Verlegerichtung der Akustikplatten 24×48 mm Hobelleisten im Abstand von ca. 60 cm auf die Wände gedübelt. Dies geschieht am besten in Durchsteckmontage mit elastischen Nylon-Rahmendübeln, wobei die Leisten mit Dämmstoffstreifen unterlegt sein sollten, um die Übertragung von Körperschall zu verhindern.

2. Die Akustikplatten werden anschließend durch die Schlitze mit gestauchten Tischlernägeln auf der Unterkonstruktion befestigt. Dabei dient ein schmales Flacheisen zum Eintreiben der Nägel. Zur Vermeidung von Körperschall sollte eine Wandverkleidung weder am Fußboden noch an der Decke anstoßen. Hier verbleiben schmale Fugen, die mit Mineralfilz- oder Steinwollstreifen hinterlegt sind.

3. Eine entsprechende Lösung kann man auch an der Raumdecke vorsehen, wobei Akustikkassetten zum Einsatz kommen. Es gibt sie in furnierter Edelholzausführung wie auch farbig beschichtet oder mit weißer Oberfläche. Sie werden auf einem Lattenraster verlegt, dessen Achsmaß dem Kassettenformat entspricht. Auch hier werden die Latten vor dem Andübeln wieder mit schwingungsdämpfenden Dämmstreifen unterlegt. Montiert werden die Platten mit Nägeln. Verleimen auf der Unterlattung erhöht den Halt.

1

Anstelle der Deckendämmung mit Akustikkassetten kann man bei himmelhohen Altbaudecken auch eine abgehängte Decke vorsehen (vgl. S. 73). Soll diese Decke auch zur Schalldämmung beitragen, so darf weder der Lattenrahmen noch seine unterseitige Verkleidung an die Wände anstoßen. Lediglich die dämmende Steinwollauflage berührt die Raumwände und läuft sogar etwa eine Handbreit an ihnen hoch. Zwischen abgehängter Decke und Wänden verbleibt eine etwa 2 cm breite Schattenfuge, die zugleich Unebenheiten im Wandverlauf vertuscht.

2

Da auch über den Fußboden Schall übertragen wird, kann sich hier die Notwendigkeit von Schallschutzmaßnahmen ergeben. In vielen Fällen reicht allein schon die Verlegung eines dichten, hochflorigen Teppichbodens aus. Die Schall-wie auch Wärmedämmung läßt sich allerdings noch erheblich verbessern, wenn Sie auf den Unterboden eine Zwischenschicht aufbringen. Geeignet sind als Bahnenware erhältliche Dämmstoffe aus gebundenem Kautschukgranulat oder auch Filz. Diese Materialien werden mit Teppichfixierung auf den Unterboden geklebt. Obenauf kann dann der Nutzbelag ebenfalls mit Teppichfixierung verlegt werden.

3

1

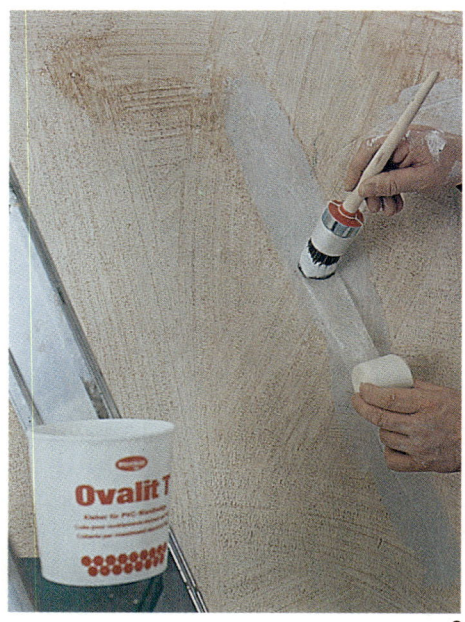

2

Risse ausbessern im Handumdrehen

Für eine dauerhafte Sanierung ist eine Rißüberbrückung unerläßlich. Bei feinen Rissen bis zu einer Breite von maximal 3 mm hilft es, den Riß mit einer selbstklebenden Rißbrücke aus hauchdünnem Vlies zu überbrücken. Es wirkt als Gleitschicht zwischen Tapete und Untergrund und verteilt die Spannungen auf einen größeren Tapetenbereich, so daß die Elastizität des Wandbelags ausreicht, um die Rißbewegung aufzufangen, ohne daß der Riß sich in der Tapete fortsetzt. Wichtig für eine sichere Haftung auf dem Putz ist ein sauberer, trockener und staubfreier Untergrund.

1. Größere Risse verlangen jedoch nach massiver Armierung. Hierzu wird der Riß zunächst großzügig mit einer Malerspachtel ausgekratzt und erweitert, vorgenäßt und anschließend mit Füllspachtel ausgefüllt.

2. Über die Rißzone klebt man dann einen Streifen Malerbinde oder Malervlies. Dieser wird an den Rändern mit Dispersionskleber auf den Putz geklebt. Im Rißbereich besteht keine kraftschlüssige Verbindung mit dem Untergrund. So kann das Armierungsmaterial seine ihm eigene Elastizität ausspielen. Die Fläche wird dann dünn mit Zellulosefüllstoff überspachtelt und kann anschließend tapeziert werden.

Bei stark rissigen Wänden hilft oft eine gute Prägetapete. Durch ihre Profilierung klebt sie nur jeweils punktförmig auf dem Untergrund und vermag gerade durch ihre Profilierung Dimensionsänderungen elastisch aufzunehmen.

Hierzu bedarf es eines hoch zugfesten Materials. Diese Bedingung erfüllen moderne Glasfasertapeten, die normalerweise in ein sattes Dispersionskleberbett eingebettet werden, allerdings weniger geübten Selbermachern einige Probleme bereiten können.

Neue Fliesen auf Keramikbeläge schnell verlegt

1

Bei der Althaussanierung erweisen sich vor allem Sanitärräume und Küchen als von Grund auf renovierungsbedürftig. Dabei geht es neben einer Anpassung der Installationen auf den neuesten Stand vor allem um neue keramische Wand- und Bodenbeläge.

Das moderne Dünnbett-Klebeverfahren erlaubt es, daß Sie darauf verzichten können, die alten Fliesen abzuschlagen. Sie kleben einfach den neuen Belag auf den alten. Voraussetzung dafür ist allerdings, daß die alten Fliesen halten, sonst müssen Sie sie in jedem Fall abschlagen.

Hierzu sollten die Altfliesen, nachdem Sie die neue Rohrinstallation und die elektrischen Versorgungsleitungen verlegt haben, mit einem starken Fettlöser abgewaschen und anschließend mit der Spitze des Fliesenhammers angepickt werden, um dem Fliesenkleber eine sichere Verankerungsbasis zu bieten.

2

Genauere Erläuterungen zu den vorbereitenden Arbeiten und Grundtechniken gibt Ihnen ein weiterer Band dieser Buchreihe zum Spezialthema **Fliesen und Platten verlegen.**

1. In vielen alten Bädern findet man noch eine halbhohe Verfliesung der Wände.

2. Soll im Rahmen der Renovierung das Bad raumhoch gefliest werden, so muß die Wandfläche oberhalb der Altfliesen so weit beigeputzt werden, daß sich eine insgesamt planebene Wandfläche zur Verlegung der Neufliesen ergibt. Hierzu wird am besten Streckmetall auf den Altputz genagelt und die obere Wandpartie dann durch einen Putzauftrag der bereits gefliesten Fläche angeglichen.

Nachdem Sie einen Verlegeplan erstellt haben, aus dem gemäß den Raummaßen die Fliesenverteilung

3

4

5

6

7

hervorgeht, können Sie mit dem Fliesen beginnen. Dies geschieht zweckmäßig längs einer horizontal eingemessenen Standlinie oberhalb des Fußbodenniveaus. Sie wird so festgelegt, daß etwaige Niveauunterschiede des Fußbodens mit der untersten Fliesenreihe durch Zuschnitt ausgeglichen werden können. Mit einer langen Richtlatte und einer Wasserwaage läßt sich die Ansetzlinie der ersten zu verlegenden Fliesenreihe einmessen. Sie soll so hoch über dem Fußboden liegen, daß an der tiefst gelegenen Stelle des Bades gerade eine Fliese angesetzt werden kann. Die wirklich zuerst verlegte Reihe ist jedoch stets die nächst höhere. Die Zuschnitte im Bodenbereich werden erst zum Schluß eingepaßt.

Wenn das Altbad fachgerecht gefliest wurde, kann man sich auch am alten Fugenbild orientieren.

Entsprechend der Grundlinie, die Sie mit einer Gummischnur festlegen, wird zuerst eine durchgehende Fliesenreihe angesetzt. Dann verlegen Sie etwa in der Wandmitte eine senkrechte Reihe nach oben und fliesen die Fläche dann pyramidenförmig von der Grundreihe ausgehend nach oben und zu den Wandecken hin zu. Kontrollieren Sie den Sitz Ihrer Fliesen immer genau mit einer Wasserwaage.

3. Auf die Altfliesen ziehen Sie einen rasch anziehenden Fliesenkleber in Teilflächen von etwa knapp einem Quadratmeter auf.

4. Anschließend werden die Fliesen unmittelbar in das frische Kleberbett gedrückt. Hierbei kommt in der Regel ein gebrauchsfertiger Dispersionskleber zum Einsatz.

5.–6. Zum Fliesen von Fußböden und von Flächen, die mit Hartschaumplatten versehen werden, wird dagegen ein mit Wasser anzusetzender Pulverkleber verwendet. Er wird mit einer Glättkelle aufgezogen und mit der Zahnkelle gleichmäßig durchgekämmt, bevor Sie die Fliesen ansetzen.

Beim Fliesen des Fußbodens werden nach Möglichkeit die Fugen der Wandfliesen aufgenommen. Der Fachmann nennt dies »durchlaufenden Fugenschnitt«.

7. Zum Schluß werden Wand- und Bodenfliesen passend zur Fliesenfarbe mit einem Fugenmörtel verfugt.

Dauerelastisch Fugen abdichten

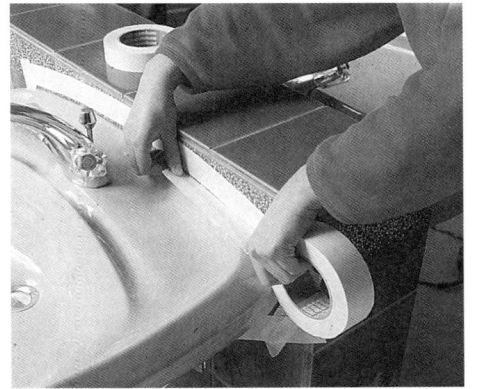

Eck- und Anschlußfugen, die sich zwischen Waschbecken, Dusch- oder Badewannen zur meist gefliesten Wand bilden, sollten dauerelastisch versiegelt werden. Bautechnisch stellen solche Fugen manches Mal Probleme dar, weil vor allem an Bade- und Duschwannen durch die Anschlußfuge zur gefliesten Wand leicht Feuchtigkeit ins Mauerwerk eindringen und es zur Pilzbildung kommen kann.

Bevor Sie mit Ihrer Arbeit beginnen, ist es notwendig, daß Sie die betreffenden Anschlußfugen mit Spiritus gründlich reinigen. Ihre Arbeitsfläche muß fett- und staubfrei und absolut trocken sein.

1. Die zu versiegelnde Fuge wird mit einem Kreppband abgeklebt. Sehen Sie dabei einen Spalt von ca. 5–7 mm vor, in den dann die Fugenmasse aufgetragen wird.

2. Dauerelastische Fugenmassen werden meist auf Silikonbasis hergestellt und in praktischen Kartuschenpistolen angeboten. Sie sind nicht nur in weißer Farbe erhältlich, sondern in allen gängigen Sanitärfarben oder in Transparent.

Tragen Sie die Fugenmasse immer in einer durchgehenden Bewegung in den Spalt zwischen den Kreppbändern auf.

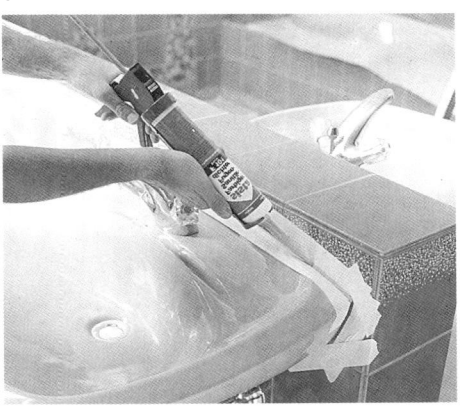

3. Danach feuchten Sie einen Finger mit Spülmittel an und glätten die Silikon-Dichtungsmasse mit der benetzten Fingerkuppe vor. Anschließend können Sie die Kreppbänder abziehen. Es empfiehlt sich, sie im Winkel von 45 Grad abzuziehen und dabei die Bandkante leicht von der Masse wegzudrehen, damit eine saubere Kante entsteht.

Glätten Sie anschließend nochmals die Dichtungsmasse mit dem benetzten Finger nach. Einige Tage später ist die Abdichtung durchgehärtet.

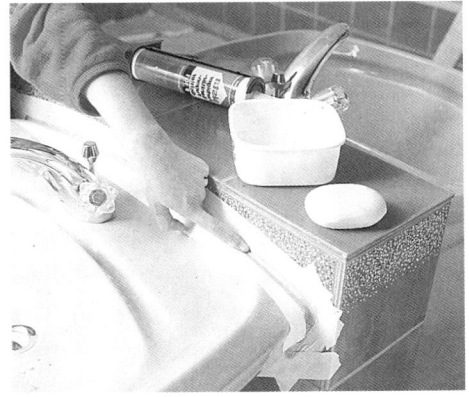

1

2

3

Fliesen verlegen auf imprägnierten Gipskartonplatten

Bei der Umgestaltung von Bädern im Altbau wie auch bei deren völliger Neueinrichtung werden oft Trennwände aus Gipskartonplatten oder faserarmierten Gipsplatten verwendet, die anschließend gefliest werden müssen. Verwenden Sie dazu vorzugsweise imprägnierte Gipskartonplatten wie auch faserarmierte Gipsplatten, die direkt gefliest werden können. Normale Gipskartonplatten bedürfen einer vorherigen Tiefgrundierung am besten mit einem lösungsmittelhaltigen Tiefgrund. Während im normalen Wandbereich handelsübliche Dispersions-Fliesenkleber eingesetzt werden können, ist für Duschecken ein Epoxidharzkleber vorzuziehen, der zugleich auch eine abdichtende Funktion hat. Er kann auch zum Verfugen verwendet werden.

1. Solche Kleber werden aus zwei Komponenten angemischt. Dabei werden die beiden Komponenten im vorgeschriebenen Mischungsverhältnis zusammengegeben. Vorheriges Aufrühren der beiden Komponenten ist zu empfehlen. Die in der Regel unterschiedlich eingefärbten Komponenten erlauben eine leichte Kontrolle des Mischvorgangs. Er ist beendet, wenn die Mischung keine Schlieren mehr zeigt.

2. Ziehen Sie den Kleber anschließend sorgfältig mit einer Zahnspachtel auf.

3. Dann werden die Fliesen wie üblich in das Kleberbett gedrückt. Dabei können Fugenkreuze wie bei allen Fliesenarbeiten sehr zu einem ebenmäßigen Fugenbild beitragen. Sie können jedoch die Kontrolle mit der Wasserwaage nicht ersetzen.

Als abschließende Arbeit verfugen Sie Ihre Verlegefläche mit der gleichen Masse. Tragen Sie sie mit einer Glättkelle auf und streichen alle Fugen aus. Anschließend sollten Sie die Wand mit Wasser reinigen.

DIE ZINSEN STEHEN FEST. BIS 2005.

Bauen, kaufen oder renovieren. Eigennutzung oder Kapitalanlage: so günstig wie zur Zeit können die Hypothekenzinsen für Sie noch 15 Jahre lang sein. Wenn Sie jetzt mit unserem Immobilien-Spezialisten reden. Er arbeitet bei einer der erfahrensten Hypothekenbanken, hat deshalb alle Antworten auf Ihre Immobilien-Fragen, außerdem einen Computer für einen exakten Finanzierungsplan sowie immer Zeit für Sie.

BAYERISCHE VEREINSBANK

Teppichböden verlegen – kein Problem

Darauf müssen Sie achten

Den größten Anteil an Bodenbelägen im privaten Wohnbereich haben nach wie vor Teppichböden. Sie werden heute zum größten Teil selbst verlegt. Dabei stehen verschiedene Verlegemethoden zur Wahl:

● die sogenannte »lose« Verlegung mit doppelseitig klebendem Teppichklebeband,
● die Teppichfixierung mit Wiederaufnahmevlies oder -netz und
● die Teppichfixierung mit flüssiger Fixierung.

Dabei verschiebt sich der Anteil der Verlegemethoden zunehmend zur vollflächigen Fixierung. Denn sie bietet gegenüber der losen Verlegung den Vorteil, daß sie eine Wellenbildung verhindert und so der Lebensdauer des Teppichbodens zugute kommt, weil sie die schädliche Walkarbeit ausschließt. Dies ist vor allem von Bedeutung, wenn der Belag durch Möbelrollen zusätzlich strapaziert wird. Die vielzitierte Rollstuhlfestigkeit von Teppichböden setzt übrigens eine vollflächige Verklebung des Belags mit dem Unterboden voraus. Eine Fixierung über eine ganze Fläche, die ein beschädigungsloses Wiederentfernen des Belags erlaubt, kommt dieser Verklebungsmethode weitgehend gleich.

Mit der modernen Teppichbodenfixierung können Sie übrigens auch einen neuen Teppichboden auf einem bereits vorhandenen verlegen und so einen verbesserten Schallschutz erreichen. In diesem Fall kommen Wiederaufnahmevliese oder -netze als Fixierung zum Einsatz.

Mit ihnen kann man auch Brücken und Läufer auf dem Teppichboden fixieren und so das leidige »Wandern« unterbinden, das häufig zu Stolperfallen führt.

1. Ganz gleich, für welche Verlegeart Sie sich entscheiden, auf jeden Fall muß der Unterboden glatt, eben, rißfrei und sauber sein. Ausbruchstellen wie auch Risse müssen Sie zuvor sauber ausspachteln. Hierzu gibt es im Fachhandel spezielle Estrich-Spachtelmassen.

Unebenheiten lassen sich generell mit selbstverlaufenden Ausgleichsmassen beheben, wobei die vorgeschriebene Trockenzeit nach Aufbringen der Masse unbedingt einzuhalten ist.

Soll Teppichboden auf alten Holzdielen verlegt werden, so sind die gleichen Verfahren zur Untergrundvorbereitung zu wählen wie bei einer Fliesenverlegung (vgl. S. 103 ff).

Auch bei Teppichböden gibt es verschiedene Beanspruchungs- wie auch Komfort-Gruppen. Bei der Wahl des Belags sollten Sie den Verwendungszweck berücksichtigen und zum Beispiel im Schlafzimmer keinen rollstuhlgeeigneten Strapazierbelag wählen. Hier ist eine schöne flauschige Ware sowohl angebracht als auch besonders angenehm. Strapazierfähige Ware gehört vor allem in Dielen, Kinderzimmer und Arbeitszimmer, während man dagegen im Wohnzimmer durchaus eine weichere Ware verlegen kann.

Die eigentliche Verlegung bereitet einem durchschnittlich geschickten »Selbermacher« kaum Probleme. Der Teppichboden wird bei allen Verlegeverfahren zunächst im Raum ausgelegt. In der Regel haben Teppichböden einen »Strich«, d. h. eine Florrichtung, die für das Erscheinungsbild des Belags wie auch für die Verlegung von Bedeutung ist. Die Florrichtung ist in der Regel durch einen Pfeilaufdruck auf der Schaumrückseite markiert. Man kann sie aber auch durch die Hammerprobe feststellen.

Hierzu stellt man einen Hammer mit dem nach oben weisenden Stiel auf den planeben ausgelegten Teppichboden und bringt ihn durch Anstoßen zum Umkippen. Dabei wird der Stiel beim Auftreffen auf den Flor durch die spezielle Florrichtung abgelenkt. Ist ein Raum so groß, daß der Teppichbodenbelag aus zwei oder auch mehreren Bahnen zusammengesetzt werden muß, sind die Bahnen so auszulegen, daß die Florrichtung in die gleiche Richtung weist und der Hammerstiel gleichsinnig abgelenkt wird. Der Teppichboden wird stets in der Hauptblickrichtung gerade ausgerichtet und dann entlang den Wänden mit einer Handbreit Überstand grob zugeschnitten.

Verlegung mit doppelseitigem Klebeband

2. Soll der Belag »lose«, d. h., mit doppelseitigem Klebeband verlegt werden, so wird er an den Rändern zurückgeschlagen, um das Teppichklebeband ringsum entlang den Fußleisten auf den Unterboden zu kleben. Bei sehr großen Räumen kann es sich empfehlen, quer durch den Raum ein oder zwei weitere Klebebandstreifen zu kleben. Dies gilt insbesondere für Kinderzimmer, wo der Belag durch krabbelnde Kleinkinder leicht zu Wulstbildungen neigt, oder auch für Räume, wo schwere Polstermöbel auf Rollen häufig hin und her geschoben werden.

3. Wenn die Klebestreifen ringsum aufgeklebt sind, wird das Deckpapier abgezogen und der Teppichboden auf dem Klebeband angerieben. Hierzu eignet sich ein Hammerstiel recht gut.

4. Erst wenn der Belag exakt verklebt und angerieben ist, erfolgt der genaue Randbeschnitt. So kann der Teppichboden beim Feinbeschnitt nicht mehr verrutschen, so daß die Gefahr von Blitzern vermieden wird.

Achten Sie darauf, wenn Sie den Teppichboden beschneiden, daß Sie ihn fest in den Wandknick drücken und mit einem scharfen Teppichbodenmesser den Beschnitt ausführen.

5. Sauberes Ansetzen von zwei Bahnen gelingt Ihnen durch den sogenannten »doppelten Nahtschnitt«, bei dem beide Bahnen eine Handbreit überlappend ausgelegt werden. Der Beschnitt erfolgt dann in der Mitte der

1

2

3

Grundkurse

4

5

6

Überlappung entlang einer Metallschiene. Lassen Sie die Messerklinge dabei so lang aus dem Heft schauen, daß beide Teppichböden in einem einzigen Schnitt durchtrennt werden können. Zum Schutz des Unterbodens empfiehlt es sich, dünne Pappe unterzulegen!

6. Nachdem Sie die Bahnen duchtrennt haben, entfernen Sie die Abfallstreifen, schlagen beide Bahnen zurück und fixieren die Naht mit doppelseitigem Klebeband. Für eine sichere Stoßverbindung sorgen drei dicht an dicht geklebte Klebebandstreifen. Es ist nötig, den Stoß nach der Verklebung gut anzureiben.

7. Als abschließende Arbeit dübeln Sie eine Schwellenschiene an. Sie verhindert, daß die Teppichbodenkanten durch die Strapazierung ausfransen und unansehnlich werden. Vor allem dort, wo zwei verschiedene Teppichbodenqualitäten aneinanderstoßen, hat sich die Schiene als sinnvoll erwiesen.

Verlegung mit Vlies- oder Flüssigfixierung

Bei der Verlegung mit Vlies- oder Netzfixierung, die ein Wiederaufnehmen des Belags ohne Beschädigung des Unterbodens auch dann erlauben, wenn der Teppichboden auf empfindlichen Untergründen wie Parkett verlegt wurde, wird die Fixierung zunächst bahnenweise auf den gereinigten, staubfreien Untergrund geklebt. Die Bahnen werden dicht an dicht geklebt und vollflächig angewalzt, beziehungsweise mit einer breiten Kunststoffspachtel faltenfrei angedrückt.

Dann legen Sie entsprechend oben genanntem Beispiel den Teppichboden im Raum aus, richten ihn aus und schneiden ihn grob zu. Anschließend Belag zur Hälfte zurückklappen, Schutzpapier von der Fixierung abziehen und Teppichboden in einer gleitenden Abrollbewegung blasenfrei auf die Klebefixierung aufbringen. Belag gut anwalzen und an den Rändern nach beschriebenem Muster fein beschneiden.

8. Bei Verwendung flüssiger Teppichfixierungen verfährt man ähnlich. Zunächst wird der Belag im Raum ausgelegt, ausgerichtet und grob zugeschnitten, dann halbseitig zurückgeklappt, um nun die flüssige Teppichbodenfixierung auf den Unterboden aufzurollen. Hierzu dient meist eine Walze, die, auf einen Teleskopstiel gesteckt, so auch einen bequemen Auftrag aus dem Stand erlaubt.

9. Ist der Unterboden zur Hälfte eingestrichen, muß die Fixierung eine gewisse Zeit ablüften. Sorgen Sie auch für Frischluft im Raum, da sich dabei Lösungsmitteldämpfe entwickeln können. Dann wird der Belag wie bei der Netz- oder Vliesfixierung in einer gleitenden Abrollbewegung in die Fixierung eingebettet und angewalzt. Anschließend schlagen Sie die zweite Belagshälfte zurück und verfahren in gleicher Weise. Zum Schluß führen Sie ringsum den Randbeschnitt aus und drücken den Belag an.

Weitere Hinweise

Sofern die alten Sockelleisten nicht ersetzt werden sollen, können Sie nun als Abschluß Viertelstäbe mit Stahlstiften gegen die Unterkante der Fußleisten nageln. Sie werden sowohl an den Ecken als auch beim Ansetzen aneinander auf Gehrung geschnitten, wozu Sie am besten eine Gehrungssäge oder eine Feinsäge mit Gehrungslade verwenden. Es gibt allerdings auch Spezialscheren zum Schneiden von Viertelstäben mit geradem und Gehrungsanschlag. Im Türbereich wird der Teppichboden mit einer Messingschiene versehen, die die Anschlußnaht zum Belag des Nachbarraums abdeckt. Konventionelle Messingschienen werden angedübelt. Neuerdings gibt es auch selbstklebende Messingschienen, die nach Abziehen des Schutzpapiers einfach über den Teppichstoß geklebt werden und auf dem Teppichflor haften. Diese schraubenlose Befestigung ist nicht nur praktisch, sondern sieht natürlich auch sehr viel besser aus.

Wenn die alten Sockelleisten ersetzt werden sollen, so können Sie sowohl solche aus Holz wählen als auch Kunststoffprofile verwenden, die mit Nageldübeln angebracht und mit einem Streifen Teppichboden überklebt werden. Es gibt diese Profile auch mit rückseitigen Kabelkanälen. In ihnen lassen sich Antennen- und Lautsprecherkabel wie auch Stromleitungen unsichtbar verlegen. Dabei sollte man die Netzkabel stets getrennt von den Antennen- oder Lautsprecherleitungen in einem gesonderten Kanal verlegen.

7

8

9

1

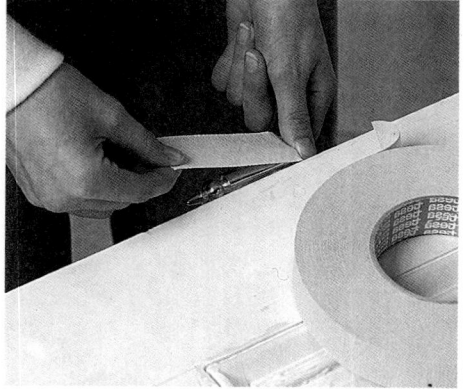

2

3

Alte Kassettentüren neu lackieren

Zum liebenswerten Charme alter Häuser gehören nicht zuletzt schöne alte Türen, die mit ihren Verzierungen und Kassetten von einer Zeit künden, in der man sich beim Bauen nicht vorwiegend von Aspekten der Nützlichkeit leiten ließ, sondern auch die kunsthandwerkliche Seite der Innenausstattung zu schätzen wußte.

Die ganze Schönheit alter Kassettentüren kommt durch eine mehrfarbige, Ton in Ton abgestufte Lackierung besonders schön zur Geltung.

Vorarbeiten

Bevor es ans Lackieren geht, sind jedoch einige wichtige Vorarbeiten zu leisten. Zunächst ist die alte Tür auf ihre Funktionstüchtigkeit hin zu überprüfen. Häufig haben sich die Angeln im Laufe der Jahre gelockert oder abgesenkt und bedürfen nun einer neuen Befestigung. Schloß und Beschläge mögen auch nicht mehr unbedingt heutigen Anforderungen entsprechen und sind eventuell auszutauschen. Mit Hobel oder Oberfräse läßt sich bei Bedarf die Falzpassung nacharbeiten. Muß das Türblatt gekürzt werden, weil zum Beispiel auf einem Holzdielenboden Fliesen oder Teppichboden verlegt wurde, sollte man das Türblatt möglichst vor der Lackierung entsprechend abhobeln oder absägen.

Wenn die Tür mechanisch einwandfrei funktioniert, kann mit der Oberflächenbearbeitung begonnen werden. Meist muß der, aus mehreren Schichten bestehende Altanstrich vollends entfernt werden. Hierzu bieten sich verschiedene Verfahren an. Am preisgünstigsten und umweltfreundlichsten ist das Erweichen der alten Anstrichschichten mit einer Heißluftpistole, wobei der Altlack mit einer Malerspachtel einfach abgeschoben wird. Profilierungen werden am besten mit einem alten Stechbeitel oder einem Schabeisen ausgekratzt.

Wirkungsvoll sind auch moderne Abbeizmassen, die aufgespachtelt werden und nach einiger Einwirkzeit auch mehrere Altlackschichten in einem Arbeitsgang lösen, so daß Abbeizer und Altlackierung wie ein Fell abgezogen werden können. Daneben gibt es auch flüssige Abbeizer, die meist aus aggressiven Lösungsmittelkombinationen bestehen und daher die Umwelt relativ stark belasten. Sie sind deshalb nicht unbedingt zu empfehlen.

Wenn die Tür völlig von ihrer Altlackierung befreit ist, was bei immer wieder überstrichenen Türen unumgänglich ist, wird das freigelegte Holz zunächst vollflächig grundiert, gespachtelt und geschliffen.

1. Je nach Wahl der Farbkombination kann sich ein anschließender Voranstrich mit weißer Vorstrichfarbe empfehlen, der die Brillanz der Lackierung fördert. Wer noch wenig Kenntnisse auf dem Gebiet der Maler- und Lackierarbeiten hat, dem sei ein weiterer Band aus dieser Reihe zum Thema **Malern, Lackieren, Tapezieren** empfohlen.

4

Um eine perfekte, mehrfarbige Gestaltung einer Kassettentür zu erreichen, ist es unerläßlich, die einzelnen Flächen randscharf abzukleben, denn nur so erhalten Sie ein einwandfreies Erscheinungsbild mit sauber begrenzten Farbfeldern. Dabei sollten Sie nach Plan vorgehen, denn Abkleben in der richtigen Reihenfolge kann Ihnen einen vollen Arbeitsgang zuzüglich entsprechender Trockenzeiten einsparen helfen. Dies gelingt, wenn Sie beim Abkleben jeweils ein Feld überspringen. So läßt sich eine Tür in nur zwei Abklebe- und Lackiergängen fertigstellen.

5

2. Da Kassettentüren in der Regel geradlinig begrenzte Flächen aufweisen, ist schwach gekrepptes Klebeband ausreichend. Schlösser und Beschläge werden, soweit diese nicht demontierbar sind, mit stark gekrepptem Klebeband umwickelt oder abgeklebt, um sie vor unerwünschten Lackspuren zu schützen.

Findet das Band jedoch auf einer ausreichend breiten Fläche Haftung, so ist auch hier wegen der besseren geradlinigen Farbabgrenzungen schwach gekrepptes Klebeband vorzuziehen.

6

7

8

Falls für die Lackierung Dispersionslacke verwendet werden, empfiehlt es sich, zum Abkleben Kreppbänder zu wählen, wie sie bei der Autolackierung zum Einsatz kommen. Normale Kreppbänder neigen dazu, von Dispersionslacken unterwandert zu werden.

3. Beim Streichen im Bereich der Abklebungen setzen Sie stets mit dem Pinsel auf dem Kreppband an und streichen von dort in die Fläche hinein. Streichen Sie nie gegen das Band. Wenn Sie den Anstrich verschlichten, wird der Pinsel so geführt, daß er zu einem Drittel über die Abklebung greift. Dabei werden die Pinselborsten unter sanftem Druck leicht durchgebogen, so daß überschüssiger Lack vom Klebeband weg auf die zu streichende Fläche getrieben wird, also nicht unter die Abklebung wandern kann.

4. An den Ecken wird der Lack durch Stupfen mit dem senkrecht gehaltenen Pinsel aufgebracht. Notfalls hilft hier bei sehr schmalen oder spitzwinkligen Konturen ein als Strichzieher bezeichneter, schräg angeschnittener Pinsel.

5. Kassettentüren haben oft in der Mitte der Kassettenspiegel erhaben herausgearbeitete Flächen, die so abzukleben sind, daß die schmalen Flanken diese Flächen gleichfarbig wie die Oberfläche gestrichen werden können. Hierzu wird schwachgekrepptes Klebeband kantennah an diese Fläche herangeklebt.

6. Nachdem der Lack getrocknet ist, ziehen Sie die erste Abklebung ab und bringen aber erneut ein Klebeband auf, wobei zum Lackieren der Umgebungsflächen stets das schwach gekreppte Band senkrecht gegen die leicht angefaste Kante des Mittelspiegels geklebt wird.

7. So ergibt sich beim Anlegen des Umfelds eine randscharfe Begrenzung. Wichtig ist, daß man beim Abkleben genügend Zeit zum Durchhärten der zuvor durchgeführten Lackierung verstreichen läßt.

8. Ziehen Sie die Kreppbänder stets in einem Winkel von 30–40 Grad ab, dadurch wird verhindert, daß der Lackfilm an der Begrenzungskante hochgezogen wird. Zusätzlich kann man das Band beim Abziehen auch noch etwas von der Lackkante wegdrehen.

So paßt sich eine alte Kassettentür harmonisch ihrer modernen Umgebung an

1

2

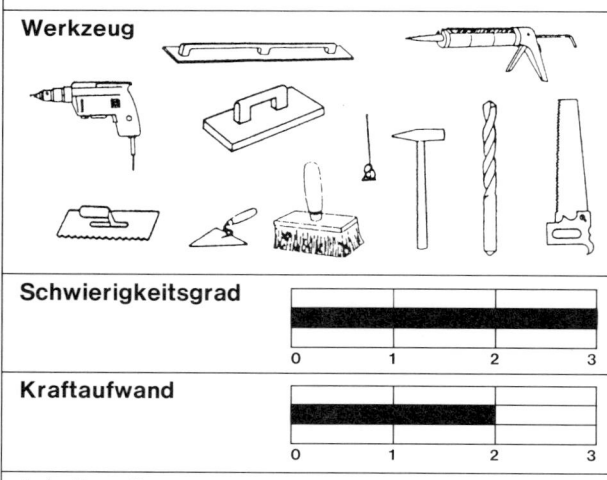

3

Fassadendämmungen schützen Ihr Haus

Material
Tiefgrund, Sockelschiene, Klebe- und Ausgleichsmörtel, Fassaden-Dämmplatten gefalzt, Platten-Spreizdübel, Eckwinkel, Glasfasergewebe, Haftgrund, Putz, Dichtungsband oder Silikonkautschuk.

Werkzeug

Schwierigkeitsgrad

0	1	2	3

Kraftaufwand

0	1	2	3

Arbeitszeit
Einschließlich der Vorarbeiten beträgt die Arbeitszeit je m² Wandfläche je nach Geschick und baulichen Verhältnissen des Hauses etwa 150–200 Minuten.

Ersparnis
Durch Eigenleistung lassen sich bei einem Einfamilienhaus etwa 8000 DM einsparen.

Die Fassaden-Dämmung galt lange Zeit als Domäne der Profis. Mittlerweile gibt es jedoch auch vollwertige Fassaden-Dämmsysteme zur Eigenmontage. Das hierzu notwendige Material wird als komplettes System in Baumärkten angeboten und entspricht in Aufbau und Materialien den von Fachleuten eingesetzten Werkstoffen. Über die Qualität wacht der Fachverband Fassaden-Vollwärmeschutz, der für Fassaden-Dämmsysteme einen Katalog verschärfter Gütebedingungen aufgestellt hat. Diesem sollte das gewählte System entsprechen.

Bautechnisch ist eine richtig ausgeführte Außendämmung eine ideale Problemlösung, denn sie verbindet gleichzeitig eine hohe Wärmedämmung mit dem Erhalt des Wärmespeichervermögens des Mauerwerks wie auch der Wasserdampfdurchlässigkeit.

4

Damit die Außendämmung auf Dauer ihrer Aufgabe gerecht wird, kommt einem zuverlässigen Feuchteschutz große Bedeutung zu. Deshalb müssen Dachgesimse, Dachrandausbildungen, Balkone und Fenstersimse, Blechabdeckungen und ähnliche der Nässeabwehr dienende Elemente so ausgebildet sein oder werden, daß kein Wasser in das Wärmedämmsystem eindringen kann. Dabei ist die Gesamtdicke des Dämmsystems zu berücksichtigen und bei Bedarf für eine entsprechende Verbreiterung des Regenschutzes zu sorgen. Selbstverständlich muß der Baukörper bei Beginn der Dämmaktion auch gut durchgetrocknet sein.

Arbeitsanleitung

5

Bei bislang unverputztem Mauerwerk – zum Beispiel bei Anbauten – müssen vor Arbeitsbeginn alle Mörtelnasen sowie sonstige Unebenheiten abgeschlagen werden. Beim Altbau schlagen Sie zudem nicht tragfähige Altputzflächen ab und tragen nicht tragfähige Anstriche oder Fassaden-Beschichtungen restlos ab.

Um einen sicheren Verbund mit dem Untergrund zu erreichen, wird dann die gesamte Fassade mit einem groben Besen von Staub und Schmutz befreit.

1. Im ersten Arbeitsschritt tragen Sie den Tiefgrund mit einer Deckenbürste auf.

2. In Sockelhöhe werden dann als unterer Abschluß der Wärmeschutzbekleidung des Hauses ringsum

6

7

8

9

Sockelschienen angebracht. Sie werden zunächst mittig fixiert. Hierzu bohren Sie entsprechend dem zu verwendenden Nageldübel Löcher in die Fassade, um Nageldübel zu setzen. Vergessen Sie nicht, die Schiene dann mit der Wasserwaage horizontal auszurichten und erst dann endgültig festzudübeln. Im Eckbereich werden die Sockelschienen auf Gehrung geschnitten.

3. Wenn alle Sockelschienen angebracht sind, wird zur Befestigung der schwer entflammbaren Hartschaum-Dämmplatten ein Sack Klebe- und Ansetzmörtel in einem Mischbottich mit 5,5 Liter Wasser eingestreut und anschließend mit dem in die Bohrmaschine gespannten Korbrührer durchgearbeitet, bis eine homogene, knotenfreie Mischung entsteht. Vor ihrer Verarbeitung sie etwa 5 Minuten ruhen lassen und dann noch einmal mit dem Korbrührer durcharbeiten

4. Der nun verarbeitungsfertige Klebe- und Ausgleichsmörtel wird nun am Rand der Fassaden-Dämmplatten als 3–4 cm breiter umlaufender Wulst aufgetragen und zum Rand hin schräg abgestrichen. Zusätzlich verteilen Sie gleichmäßig sechs handtellergroße Mörtelbatzen auf der Plattenrückseite. Insgesamt müssen mindestens 60 Prozent der Platte mit dem Untergrund verklebt werden. Die so vorbereitete Dämmplatte wird nun auf die Sockelschiene aufgesetzt und an die Wand angedrückt.

5. So wird Platte für Platte fugenschlüssig von unten nach oben arbeitend angesetzt. Dabei sollten Sie Kreuzfugen vermeiden, d. h., die senkrechten Stöße werden jeweils um eine halbe Plattenlänge versetzt angeordnet. Die Platten werden mit einem langen Holzreibebrett angeklopft.

6. Besondere Sorgfalt erfordert die Dämmung von Fenster- und Türlaibungen. Hier müssen die Platten paßgenau zugeschnitten werden. Dies gelingt mit einem Fuchsschwanz und einem scharfen Sägemesser. Für einen dichten Abschluß an Fenster-und Türrahmen, Fensterbänken und Vordächern sorgt ein unmittelbar vor der Befestigung der Dämmplatten geklebtes Fugendichtband. Sie können aber auch nachträglich die Anschlußfuge mit Silikon-Dichtungsmasse abdichten.

In die Laibungen werden ebenfalls Dämmplattenzuschnitte fugenschlüssig eingepaßt und mit Klebe- und Ausgleichsmörtel angebracht.

7. Nach dieser Methode wird die gesamte Fassade verkleidet. Damit der Klebemörtel abbinden kann, bedarf es nun einer Arbeitspause von 24 Stunden. Nach dieser Wartezeit können die überstehenden Plattenenden der im Mauerwerksverbund verklebten Dämmplatten mit einem feinzahnigen Fuchsschwanz beschnitten werden.

8. Unebenheiten an den Ecken wie auch in der Fläche werden mit dem Schleifbrett plangeschliffen. Danach entfernen Sie von den Dämmplattenflächen mit einem Besen den Schleifstaub.

10

9. Da beim Altbau keine uneingeschränkte Sicherheit hinsichtlich des Verbundes von Putz und Mauerwerk und damit hinsichtlich der Verankerungsbasis der nur geklebten Dämmplatten besteht, wird die Dämmschicht zusätzlich mit Platten-Spreizdübeln fixiert.

Hierzu verwenden Sie einen 8-mm-Steinbohrer, mit dem Sie die notwendigen Bohrungen durchführen. Dabei verwenden Sie am besten einen Tiefenanschlag, der so einzustellen ist, daß die Bohrtiefe der Schaftlänge des Dübels zuzüglich 2 cm Zumaß entspricht.

Anschließend werden die Dübel in die Bohrungen gesteckt und der zugehörige Spreizstift eingeschlagen.

Jede Dämmplatte wird an allen vier Ecken je einmal mittig an den langen Kanten sowie zweimal in der Plattenmitte angedübelt. Dabei werden die Mitteldübel gegen die Randdübel versetzt angebracht.

11

10. Für einen stabilen Eckverbund sorgen Gewebewinkel, die in Klebe- und Ausgleichsmörtel eingebettet werden. Dazu wird der Gewebewinkel in eine dünne Schicht aus Klebe- und Ausgleichsmörtel eingedrückt. Den durch die Gewebemaschen austretenden Mörtel ziehen Sie mit einer Edelstahl-Glättkelle plan.

11. Wenn alle Ecken auf diese Weise armiert sind, wird die gesamte Dämmschicht partienweise mit Klebe- und Ausgleichsmörtel überzogen. Diese Schicht wird in einer Stärke von 3–4 mm mit einer Edelstahl-Glättkelle aufgetragen.

12

13

14

15

12. Um eine gleichmäßige Schichtstärke zu erzielen, wird dieser Auftrag nun mit einer Zahntraufel durchgekämmt. In die nasse Schicht betten Sie dann die Glasfasergewebe ein. Man beginnt damit etwa 1 cm von einer Gebäudeecke entfernt, indem man das Glasfasergewebe von oben nach unten arbeitend mit der Traufel in die frische Mörtelschicht eindrückt und damit fixiert. Der durch das Gewebe dringende Mörtel wird dann mit der Traufel glattgezogen.

Alle weiteren Bahnen werden jeweils so angesetzt, daß die vorhergehende Bahn 10 cm überlappt, in die Mörtelschicht eingebettet und anschließend plangezogen wird.

13. Im Bereich von Fenster- und Türöffnungen müssen zur zusätzlichen Armierung 25×40 cm große Gewebezuschnitte diagonal aufgebracht und in Mörtel eingebettet werden.

14. Dann legen Sie eine Pause von 48 Stunden ein, um die Armierungsschicht durchtrocknen zu lassen. Erst dann kann mit einer Deckenbürste oder einer Lammfellrolle Haftgrund auf die gesamte Armierungsschicht aufgetragen werden. Er sorgt für eine gute Verankerung des Strukturputzes, den Sie auf den so vorbereiteten Untergrund anschließend aufbringen.

Der Putz muß vor der Verarbeitung lediglich noch mit einem halben Liter Wasser vermischt werden, wobei der Elektroquirl wiederum gute Dienste leistet. Die Mischung wird damit klumpenfrei verarbeitet.

15. Als Strukturputz stehen verschiedene Putztypen zur Wahl. Der Auftrag erfolgt in einer Dicke von 2 mm mit einer Edelstahltraufel und wird anschließend mit einer Kunststofftraufel abgerieben. Dabei entscheidet die Reibetechnik über die Struktur. Spiraliges Reiben ergibt den sogenannten Münchner Rauhputz, waagrechtes Reiben eine Rillenstruktur. Wenn Sie Edelkratzputz spiralförmig abreiben, ergibt er eine ausdrucksvolle Kornstruktur.

So entsteht gleichzeitig eine heizkostensenkende, dauerhafte Fassadendämmung und eine dekorative, wetterfeste Fassadengestaltung, die das alte Haus in neuem Glanz erstrahlen läßt.

Gipskartonplatten verkleiden schadhafte Wände

Material

Holzlatten 3×5 cm, Nageldübel N8×80, selbstklebende Anschlußdichtung, Gipskartonplatten, Spezialschrauben 35 mm lang (ca. 15 Stück/m² Wandfläche), Fugenspachtel, Tiefgrund, Keile zum Ausgleichen von Unebenheiten.

Werkzeug

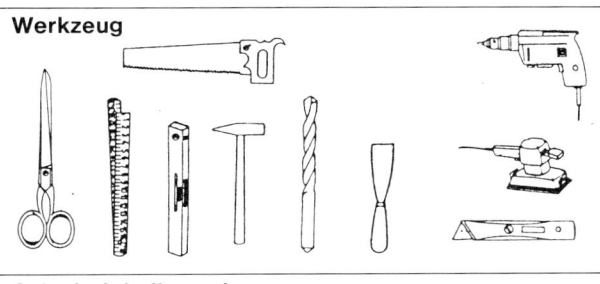

Schwierigkeitsgrad

0	1	2	3

Kraftaufwand

0	1	2	3

Arbeitszeit

Sie müssen etwa 60 Minuten pro Quadratmeter Verkleidungsfläche einschließlich Spachteln und Schleifen rechnen.

Ersparnis

Durch Ihre Eigenleistung sparen Sie ca. 15 DM pro Quadratmeter.

1

2

3

4

5

Stark rissige oder mit unebenem Putz versehene Wände erfordern einen großen Sanierungsaufwand, wenn Sie glatte Oberflächen erhalten wollen. Viel einfacher ist es, den schadhaften Putz hinter einer Wandverkleidung aus Gipskartonplatten verschwinden zu lassen.

Arbeitsanleitung

1. Hierzu ist es notwendig, eine Unterlattung aus Holzlatten (3×5 cm) flach aufliegend auf die Wand zu dübeln. Neben je einer Abschlußleiste am Boden und in Deckenhöhe werden im Abstand von jeweils 42 cm gleiche Latten flach aufliegend gegen die zu verkleidende Wand gedübelt. Hierzu dienen Nageldübel N8×80, die im Abstand von etwa einem Meter gesetzt werden. Mit der Wasserwaage und einer langen geraden Richtlatte werden die Leisten in der Waagrechten und Senkrechten ausgefluchtet. Unebenheiten des Untergrunds lassen sich durch Hinterkeilen der Lattung im Bereich der Dübelstellen ausgleichen. Im Fachhandel gibt es hierzu praktische Kunststoffkeile. Sie werden jeweils von oben und unten hinter die Latten getrieben, wozu sich die Nagelschrauben mit einem Kreuzkopf-Schraubenzieher nach Bedarf lösen und anziehen lassen.

2. Sie können selbstverständlich auch ein Ständerwerk aus Metall errichten, das Sie anschließend mit den Gipskartonplatten verkleiden. Falls Sie in dem Raum eine zusätzliche Sanitärinstallation anbringen wollen, bieten sich Metallständerwerke an, die bereits mit Anschlüssen für Waschbecken etc. ausgestattet sind.

3.–4. Die Gipskartonplatten lassen sich sehr leicht bearbeiten. So können Sie mit Hilfe einer Metallschiene und einem Cuttermesser die Oberfläche der Platte leicht anritzen und anschließend über einer Tischkante paßgenau brechen. Anschließend schrägen Sie die Bruchkante mit einem Schleifklotz im Winkel von ca. 45 Grad an, um so eine Stoßfuge zu erhalten, die leichtes und sauberes Verspachteln möglich macht.

5. Nach der Plattenmontage werden alle Plattenstöße mit Fugenfüller zugespachtelt, nach dem Trocknen geschliffen und noch einmal nachgespachtelt, bis die Plattenstöße übergangslos verschwunden sind. Dann können Sie tiefgrundieren und tapezieren.

Paneelwände verdecken Putzschäden

Material
Gehobelte Holzleisten 24×48 mm, Nageldübel N6×60, furnierte Paneele, Profilleisten, Sperrholzfedern, Kunststoffkeile, Paneelbrettkrallen nebst Stiften oder Klammern, breites Packklebeband, gestauchte Tischlerstifte, Wachskitt.

Werkzeug

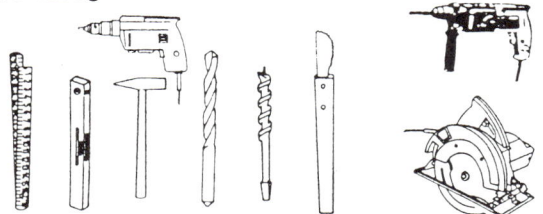

Schwierigkeitsgrad

0	1	2	3

Kraftaufwand

0	1	2	3

Arbeitszeit
Sie ist abhängig von der Ebenheit des Untergrunds; rechnen Sie mit etwa 90 Minuten pro Quadratmeter Verkleidungsfläche.

Ersparnis
Durch Ihre Eigenleistung sparen Sie etwa 30 DM pro Quadratmeter.

1

2

3

4

5

6

Arbeitsanleitung

1. Zuerst werden quer zur beabsichtigten Montagerichtung der Täfelbretter oder Paneele 24×48-mm-Hobelleisten im Abstand von 40–50 cm auf die Wände gedübelt. Am besten montieren Sie die Unterlattung mit Nageldübeln, die durch die Bohrungen gesteckt werden. Beim Bohren der Dübellöcher dienen die bereits mit einem Holzbohrer vorgebohrten Holzleisten als Bohrlehre für alle weiteren vorzubereitenden Leisten.

2. Die praktischen Nageldübel werden samt zugehöriger Nagelschraube in die Bohrung gesteckt und mit einigen Hammerschlägen bündig eingetrieben.

3. Es ist besonders wichtig, daß sämtliche Holzleisten in einer Ebene fluchtend montiert werden. Kontrollieren Sie also immer mit einer Wasserwaage und Richtlatte nach. Ausgleichen können Sie, indem Sie kleine Holz- oder Kunststoffkeile mit vorsichtigen Hammerschlägen hinter die Latten treiben.

4. Damit die meist bereits fertig oberflächenbearbeiteten edelholzfurnierten Paneele beim Zuschneiden nicht beschädigt werden, empfiehlt es sich, ein feinschnittiges, scharfes Sägeblatt zu verwenden und die Anrißlinie mit einem breiten Packklebeband abzukleben. Es verhindert Kratzspuren, die durch die Maschinenauflage entstehen können.

5. Für eine unsichtbare Befestigung der Wandverkleidung sorgen Blechkrallen, die auf die Nutung der Verkleidungselemente abgestimmt im Handel erhältlich sind. Die Krallen greifen in die seitliche Nut der Verkleidungselemente und werden mit einem mittig eingeschlagenen Nagel auf der Lattung befestigt. Führen Sie Ihren Hammerschlag mit Vorsicht aus, damit die Oberfläche nicht beschädigt wird. Sie können die Verkleidung auch mit einem Tacker oder Elektronagler anschießen.

6. Nach Montage der Krallen wird eine furnierte Sperrholzfeder in die Nut eingeschoben und das folgende Verkleidungselement mit seiner Nut über dieser Feder greifend angesetzt. Klopfen Sie das Paneelelement mit dem Hammer an. Verwenden Sie dazu einen schützenden Beilageklotz. Kontrollieren Sie den Sitz stets mit einer Wasserwaage, bevor Sie die Krallen für die nächsten Paneele setzen.

7. Effektvoll auflockern läßt sich das Erscheinungsbild der Vertäfelung, indem Sie in der gleichen Holzart furnierte Profilleisten einfügen und diese auf gleiche Weise anbringen und befestigen.

8. Das jeweils erste und letzte Täfelbrett muß an der Außenkante mit Tischlerstiften auf einer senkrecht angedübelten Abschlußleiste befestigt werden. Dabei werden die Stifte durchgenagelt und sorgfältig mit einem Senkstift versenkt. Die Vertiefung wird mit Wachskitt in der Farbe des Furniers ausgefüllt, so daß die Nagelstellen praktisch unsichtbar sind.

Soll die Verkleidung um eine Wandecke geführt werden, gelingt dies optisch überzeugend durch Verwendung von Eckprofilen, wobei Sie dann die Montage von einer Ecke aus beginnen müssen.

9. Eine solche Edelholzverkleidung läßt die einst störenden Wandschäden für immer vergessen. Wenn es sich um eine kalte Außenwand handelt, können Sie die Leisten der Unterlattung auch dicker wählen, um zwischen den Leisten eine bedarfsgerechte Dämmung unterzubringen. Dabei sind die Leisten der Unterkonstruktion so zu bemessen, daß sich ein ausreichender Hohlraum zur Aufnahme der Dämmschicht ergibt.

Wenn Zweifel hinsichtlich der Trockenheit der zu verkleidenden Wand bestehen, verlegt man die Lattung auf Dachpappstreifen und bringt die Verkleidung so an, daß hinter ihr Luft zirkulieren kann. In diesem Fall muß am Boden wie am Deckenanschluß ein Luftspalt bleiben und die Lattung vertikal angeordnet beziehungsweise bei horizontaler Anordnung abschnittweise unterbrochen werden, damit die Hinterlüftung auch sicher gewährleistet ist.

Anstelle von Edelholz-Paneelen oder Täfelbrettern kann man auch Nut-Feder-Bretter einsetzen, die Sie vor der Montage lasieren oder beizen sollten. In Innenräumen können Sie auf Holzschutzmittel verzichten und giftfreie Produkte in Form von Beizen, Lasuren und Wachsen anwenden. Lassen Sie sich dazu auch eingehend im Fachhandel beraten.

7

8

Abgehängte Decken bringen Schall- und Wärmeschutz

Material
Holzleisten 6×4 cm und 3×5 cm, Metalldübel entsprechend Deckenbaustoff, Nonius-Abhänger, Gewindeschrauben M5×20, Schnellbauschrauben 5×70, Dämmstoff, Gipskartonplatten oder Kassetten, Spezialschrauben für Gipskartonplatten, 35 mm lang, Fugenspachtel, Tiefgrund.

Werkzeug

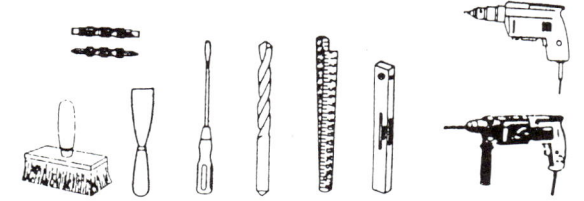

Schwierigkeitsgrad

0	1	2	3

Kraftaufwand

0	1	2	3

Arbeitszeit
Veranschlagen Sie etwa 90 Minuten pro Quadratmeter Deckenfläche bei normalen Verlegebedingungen.

Ersparnis
Sie können sich ca. 25 DM pro Quadratmeter Decke sparen.

1

2

3

4

5

6

Die Grundlattung besteht in der Regel aus 6×4 cm hochkant zu montierenden Latten, die im Abstand von 80 cm anzuordnen sind. Zur Verankerung dienen Patentabhänger, die in Längsrichtung im Abstand von 110 cm an Dübeln befestigt werden. Die Dübel müssen, um einen Kippmoment zu vermeiden, abwechselnd rechts und links der einzelnen Grundlattung angeordnet und dem Deckenbaustoff entsprechend ausgewählt werden.

Arbeitsanleitung

1. Zum Bohren reißen Sie sich am besten die Mittellinien der zu verankernden Latten unter der Decke an und bohren die Dübellöcher abwechselnd um 2 cm nach rechts oder links versetzt. Beim Bohren über Kopf ist eine Staubfangvorrichtung oder die Benutzung einer Schutzbrille zu empfehlen.

Zum Abhängen verwendet man am besten Nonius-Abhänger, die es problemlos erlauben, die Abhängung exakt auszurichten. Sie bestehen aus zwei gelochten U-Profilen, die sich durch Splinte verbinden und praktisch stufenlos in der Länge einstellen lassen. Ihr Oberteil wird mit Gewindeschrauben an den in die Deckendübel geschraubten Ösenschrauben oder an Laschenankern angeschraubt. Der untere Teil wird mit Schnellbauschrauben im Dübelabstand wechselseitig rechts und links der Grundlatten angebracht.

2. Als nächstes werden die Grundlatten durch eine Splintverbindung mit den Anhängelaschen verbunden und mit der Wasserwaage ausgerichtet, damit die Lattung in der Waage angebracht ist.

3. Wenn alle Grundlatten montiert und sowohl längs als auch quer in der Waage sind, können die Traglatten mit 3×5 cm Querschnitt exakt rechtwinklig zur Grundlattung im Abstand von 42 cm aufgeschraubt werden. Dabei ist Ihnen eine Elektronik-Bohrmaschine nützlich, mit der sich auch Schrauben eindrehen lassen.

Um Unregelmäßigkeiten im Wandverlauf zu kaschieren und um die Übertragung von Körperschall von der Decke auf die Wände zu vermeiden, ist die Tragkonstruktion so auszulegen, daß sie ringsum etwa 2–3 cm Abstand zu den Wänden hat.

4. Wenn die Tragkonstruktion fertiggestellt ist, wird zum Schutz gegen Wärmeverluste und Schallausbreitung eine Dämmschicht aufgebracht. Bringen Sie die Dämmstoffballen auf die Lattung, bevor Sie die letzte Querlatte befestigen, dann haben Sie noch genügend Platz. Im Hinblick auf den angestrebten Schallschutz empfiehlt es sich, Steinwolle oder Mineralfaser als Dämmstoff zu verwenden.

Die Dämmschicht wird fugenlos auf die Tragkonstruktion aufgebracht und soll an den Wänden etwa eine Handbreit hochgeführt werden.

5. Anschließend können die handlichen Einmann-Gipskartonplatten mit Spezialschrauben an die Konstruktion geschraubt werden. Dabei sind Kreuzfugen zu vermeiden und Plattenendkanten anzuschrägen.

6. Nachdem die gesamte Deckenfläche unter Einhaltung des Randabstands fertiggestellt ist, können die Plattenfugen verspachtelt werden. Es ist notwendig, die Fugen anschließend glattzuschleifen, dann nachzuspachteln und nochmals zu schleifen.

Danach wird die Fläche tiefgrundiert. Erst jetzt können Sie tapezieren oder einen Deckenanstrich aufbringen. Diese Arbeiten schließen den Bau der abgehängten Decke ab.

Weitere Hinweise

7. Bei kleineren Räumen kann man die Konstruktion aus Grund- und Traglattung am Boden vormontieren und dann erst abhängen. Anstelle großflächiger Gipskartonplatten können auch Gipskarton-Kassetten eingesetzt werden, wobei dann die Traglattung dem Kassettenmaß anzupassen ist.

8. Der Wechsel von Kassetten größerer und geringerer Dicke ermöglicht es, die Deckenfläche im Schachbrett-Relief zu gliedern, wie es das Beispiel einer Dielenbar demonstriert.

9. Anstelle von Gipskartonplatten lassen sich zur Verkleidung abgehängter Decken natürlich auch andere Materialien – zum Beispiel Holzpaneele – einsetzen. Letztere werden mit Blechkrallen auf der Unterkonstruktion befestigt, wobei ein Elektronagler die Mühe des Über-Kopf-Nagelns erspart.

7

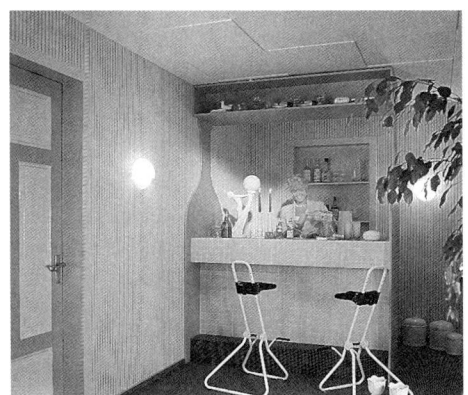

8

9

1

2

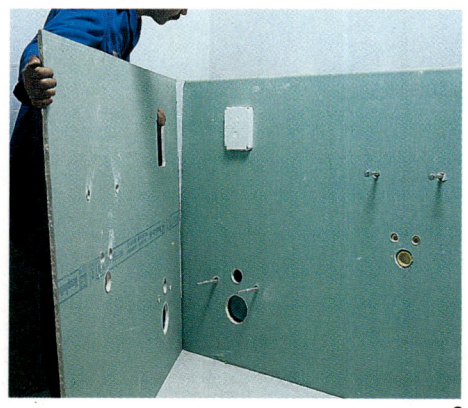

3

Wie Sie Vorwand-Installationen geschickt verkleiden

Material

Variante I: Ständer-Elemente, Dübel, Gipskartonplatten, selbstschneidende Schrauben; Variante II: Kanthölzer 6×6 und 6×4 cm, Anschlußdichtung, Gipskartonplatten, 35 mm Schnellbauschrauben, Nageldübel. Oberfläche: Fugenspachtel, Silikonkautschuk, Tiefgrund.

Werkzeug

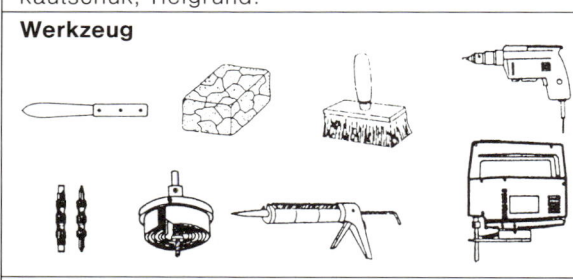

Schwierigkeitsgrad

0	1	2	3

Kraftaufwand

0	1	2	3

Arbeitszeit

Die Installationsarbeiten selbst sollten Sie zusammen mit einem Fachmann durchführen. Die Verkleidung bringen Sie selbst an. Dafür müssen Sie 2–3 Tage rechnen.

Ersparnis

Sie sparen etwa 20 Prozent der anfallenden Kosten durch anteilige Eigenleistung.

Die beste Lösung, Vorwand-Installationen verschwinden zu lassen, ist, sie hinter einer Vorsatzschale zu verstecken. Vorwand-Installationen bieten sich bei der Modernisierung alter Bäder beziehungsweise bei der Neueinrichtung von Bädern, Toiletten oder Küchen im alten Haus an.

Hinsichtlich der technischen Durchführung ergeben sich verschiedene Möglichkeiten. Auf jeden Fall sollte der Heimwerker nach einer Teamwork-Regelung mit einem konzessionierten Sanitärinstallateur suchen, um bei der Planung und Ausführung auf der sicheren Seite zu sein. Die Realisierung einer Vorwand-Installation mit Trockenverkleidung ist auf verschiedene Art und Weise möglich.

Arbeitsanleitung – Variante I

1. Eine sehr zweckmäßige Lösung bieten zum Beispiel montagefertige Elemente aus Stahlprofilen. Sie werden lediglich am Fußboden und an

4

Arbeitsanleitungen

5

1

2

3

den Wänden mit Schrauben und Dübeln verankert. Sie schaffen mit einem zirka 20 cm tiefen Installationsschacht den notwendigen Freiraum für die kostengünstige Vorwand-Montage von Warm- und Kaltwasserleitungen und Abflußrohren, aber auch für die Gas- und Stromversorgung.

2. Zugleich bilden die Elemente ein solides Rahmenwerk, das zweilagig mit feuchtraumgeeigneten Gipskarton- oder Gipsfaserplatten verkleidet werden kann.

3. Die Verkleidungsplatten werden mit selbstschneidenden Schrauben auf dem Rahmenwerk verschraubt und ergeben eine planebene, verfliesungsfertige Oberfläche.

4. Diese Abbildung verdeutlicht nochmals den Aufbau. Dazu wurde die Konstruktion freigelegt.

5. Anschließend können also direkt auf den Gipskartonplatten Fliesen verlegt werden.

Die Höhe des Wandsockels, in dessen Innerem die Installation versteckt ist, wie auch seine Tiefe lassen sich den jeweiligen Bedürfnissen entsprechend anpassen wie auch gestalterisch nutzen. Neben einer durchgehenden Höhe von 100 oder 120 cm bietet sich auch eine in der Höhe gestaffelte Anordnung an. Abnehmbare Ablagen schaffen nicht nur reichlich Stellflächen für Badutensilien, sondern ergeben zugleich eine einfache Wartungs- und Inspektionsmöglichkeit.

Die praktischen montagefertigen Elemente für die verfliesungsfertige Vorwand-Installation gibt es für alle Sanitärgeräte vom WC, wahlweise mit Wandeinbau-Druckspüler oder Wandeinbau-Spülkasten, über Waschtisch und Bidet bis zum Urinal mit ebenfalls in der Wand versteckter Spüleinrichtung, aber auch Brause- und Badewannen.

Die Einzelelemente werden einfach im gewünschten Abstand vor der Installationswand ausgerichtet und dann angedübelt. Bereits durchgeführte Vormontagen mit fixierten Anschlüssen bieten alle Voraussetzungen für eine zügige Installation, die Sie in der Regel dem Fachmann überlassen sollten. Um einen seitlichen Abstand von mehr als 60 cm, dem üblichen Sanitärraster, zu überbrücken, gibt es übrigens auch sogenannte Leerelemente, die der Gipskartonverkleidung den nötigen statischen Halt bieten.

Auch bei der Grundrißveränderung mit Leichtbauwänden, die bei der Altbau-Modernisierung häufig angewendet wird, lassen sich montagefertige Installations-Elemente einsetzen. Hierbei kommt eine spezielle Variante zum Einsatz, die jeweils mit den metallenen C-Profilen des Leichtbau-Ständerwerks verschraubt wird.

Für die Montage wandhängender Sanitärgeräte sind die Elemente mit zusätzlichen Verstärkungen versehen, so daß die auftretenden Lasten vom Fußboden aufgenommen werden können. Dieser muß dann allerdings aus Beton sein, während die normale Vorwand-Installation mit den 100 oder 120 cm hohen Elementen sogar auch in Räumen mit Holzfußböden möglich ist, denn auch alte Dielenböden lassen sich mit Fliesen belegen. Besonders praktisch bei diesem Renovierungssystem sind die flexiblen Leitungen. Sie erlauben eine leichte Installation, selbst wenn die Badkonzeption eine Leitungsführung um mehrere Ecken notwendig machen sollte.

Arbeitsanleitung – Variante II

Ein paßgenaues Ständerwerk aus Holz ermöglicht das komplette Bad unter der Dachschräge. Dies kommt den meisten Heimwerkern sehr entgegen, denn viele arbeiten lieber mit Holz. Die hölzerne Unterkonstruktion ist vielfach auch günstiger.

So zeigt unser Beispiel einen ausgebauten Dachstuhl, der nach der Erneuerung des Daches als zusätzlicher Wohnraum genutzt wird.

Auch hier wurde die Installation von einem Fachmann verlegt, während die Vorsatzschale in Eigenhilfe erstellt wurde.

1. Nach Einmessen und Anzeichnen des Wandverlaufes an Boden, Drempel und Schräge kleben Sie zunächst im Auflagebereich der Rahmenhölzer für die Vorsatzschale eine selbstklebende Anschlußdichtung aus Filz auf.

2. Anschließend bohren Sie mit einem Holzbohrer Dübellöcher in die 6×4-cm-Rahmenhölzer. Zur Befestigung benötigen Sie Nageldübel N8×80, die Sie bündig in die

4

5

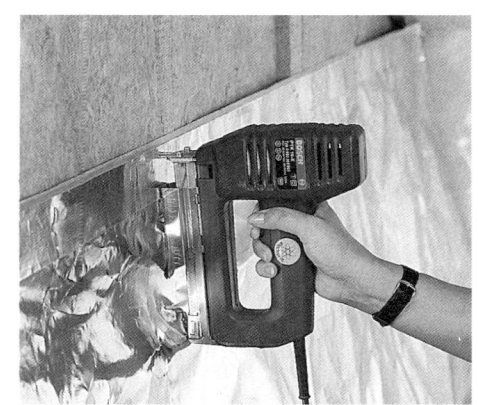

6

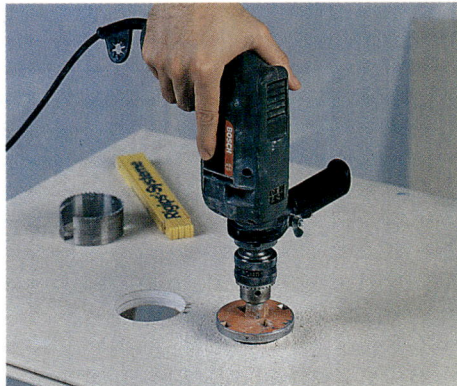

7

8

9

Bohrungen klopfen. Anschließend werden die dazugehörigen Kreuzschlitz-Nagelschrauben eingeschlagen.

3. Dort, wo wandhängende Sanitärteile montiert werden sollen, ist für eine entsprechend belastbare Verankerung zu sorgen. Anstelle eines einfachen Querriegels zwischen zwei senkrechten Ständerhölzern ist eine direkte Abstützung an der massiven Wand vorzuziehen. Dies gelingt zum Beispiel durch Andübeln einer massiven Bohle. Wegen des großen zu überbrückenden Hohlraums wurden in unserem Beispiel zwei dicke Beilagehölzer verwendet. Das hintere ist mit vier langen Schloßschrauben versehen, die zur Montage des vorderen Brettes dienen. Lange Nageldübel sorgen für eine sichere Verankerung der Beilage, die hier zur Montage eines Waschtisches dient.

4. Nach Fertigstellung des umlaufenden Rahmens, also auch entlang der Wände und Decke wurden die kesseldruckimprägnierten, 6×6 cm messenden senkrechten Ständerhölzer eingepaßt und mit schräg eingezogenen Schnellbauschrauben mit dem Rahmenwerk verbunden. Bei den relativ zahlreichen Schraubverbindungen bewährt sich eine Elektronik-Bohrmaschine, mit der sich auch Schrauben eindrehen lassen.

5. Zur Schall- und Wärmedämmung sollten die Hohlräume zwischen Massivmauerwerk und Vorsatzschale mit Steinwollplatten ausgefacht werden. Mit Stopfwolle füllen Sie nicht lückenlos füllbare Hohlräume aus.

6. Wenn die Vorsatzschale vor einer Außenwand errichtet wird, ist eine Dampfsperre unverzichtbar. Ideal ist Aluminiumfolie, die auf der Unterkonstruktion angetackert wird. Anschließende Bahnen lassen Sie großzügig überlappen. Überkleben Sie die entstehenden Stöße mit selbstklebendem Aluband.

Die Beplankung des so vorbereiteten Ständerwerks erfolgt entweder zweilagig mit feuchtigkeitsbeständigen, imprägnierten Gipskarton- oder Gipsfaserplatten von je 10 mm Dicke oder jedoch einschalig mit 20 mm dikken Platten.

7. Für die Rohraustritte müssen mit der in die Bohrmaschine gespannten Lochsäge oder einer Stichsäge die entsprechenden Austrittsöffnungen in die Beplankung eingebracht werden. Der Durchmesser dieser Öffnungen muß 2 cm größer bemessen werden, als der Nenndurchmesser der Leitungen beträgt. So ergibt sich ein 1 cm breiter Ringspalt rings um den Leitungsaustritt, der dauerelastisch verfugt wird. An den Stirnkanten werden die Platten unter einem Winkel von 45 Grad angeschrägt, um auch an den waagrechten Stoßfugen immer eine einwandfreie Fugenverspachtelung sicherzustellen.

8. Am Fußboden sollen die Gipskartonplatten nicht aufliegen, damit sie hier keine Feuchtigkeit aufnehmen können. Sie enden etwa 1,5–2 cm oberhalb der Oberkante Fußboden. Der so entstehende Spalt wird dauerelastisch verfugt, wie dies in der Abbildung auch schon mit dem Austritt des Abflußrohres geschehen ist.

9. Dort, wo die Plattenoberflächen gefliest werden sollen, kann man sich eine Verspachtelung der Plattenstöße sparen. Normale Gipskartonplatten müssen aber auf jeden Fall tiefgrundiert werden. Während der Fußboden mit normalem Fliesenklebemörtel im Dünnbettverfahren gefliest werden kann, empfiehlt sich für die Wandfliesen im Bereich der Dusche der Einsatz eines zugleich abdichtenden Zwei-Komponenten-Fliesenklebers auf Epoxidharzbasis, im übrigen Wandbereich kann normaler Dispersionskleber eingesetzt werden. Eck-, Anschluß- und Sanitärfugen sind dauerelastisch zu verfugen, während alle übrigen Fliesenfugen mit normalem Fugenbunt verfugt werden. In unserem Beispiel wurde wegen der Kleinheit des Minibades unter der Schräge auf helle Wände Wert gelegt.

10.–12. Eingestreute rote Fliesen, rote Verfugung und rote Armaturen nebst Accessoires setzen einen pfiffigen Akzent. Raffiniert ist auch die Raumnutzung unter der Schräge mit der Toilette im niedrigeren Teil, der durch das Dachfenster Stehhöhe erhält, dem Waschtisch gegenüber, der sich nach außen öffnenden Badtür und der Dusche links von der Tür im höchsten Bereich des nur 110 cm tiefen Raums, der durch eine Leichtbau-Trennwand vom Wohnbereich abgeteilt ist.

13.–14. Wer bei der Althaus-Modernisierung ein Bad oder eine Küche einrichten möchte und dabei bislang

10

11

12

13

14

anderweitig genutzte Räumlichkeiten zu diesem Zweck nutzt, kann einigen Installationsaufwand sparen, wenn Sie zum Beispiel die Warmwasserbereitung vor Ort mit Durchlauferhitzern oder Elektrospeichergeräten vornehmen. In diesem Fall kommen Sie nämlich bei der Sanitärinstallation einzig und allein mit einer Kaltwasserleitung plus Abfluß aus. Generell überzeugt die elektrische Warmwassererzeugung bei der Renovation durch günstige Kosten bei der Geräteanschaffung und durch den Vorteil, daß ihrem Einsatz keinerlei bauliche Auflagen entgegenstehen. Ein hoher Wirkungsgrad macht moderne Geräte besonders wirtschaftlich. Elektronische Bausteine bieten neben einem energiesparenden Betrieb auch ein hohes Maß an Komfort, so zum Beispiel durch die Möglichkeit der Temperaturvorwahl in der Regel in einem Breich von 30 bis 55 Grad Celsius. Da das warme Wasser vor Ort an der Bedarfsstelle erzeugt wird, ist es auch stets auf Abruf bereit, ohne daß zuerst in langen Zuleitungen erkaltetes Wasser ablaufen muß. So werden zugleich Energie und Wasser gespart.

Durchlauferhitzer verlangen allerdings in der Regel wegen ihres hohen Energiebedarfs Dreiphasenstrom, der somit unter Umständen mit einer neu zu installierenden Leitung herangeführt werden muß. Wasser- und Elektroinstallation sollten dabei ausschließlich dem Fachmann vorbehalten bleiben.

Einzelne Zapfstellen lassen sich übrigens auch durch Warmwasser-Kleinspeicher versorgen. Solche Geräte halten je nach Größe 5, 10 oder auch 15 Liter warmes Wasser verfügbereit. Auch hier gibt es die Möglichkeit einer stufenlosen Temperaturwahl. Die kompakte Bauweise erlaubt es, den Kleinspeicher problemlos über oder auch unter der jeweiligen Entnahmestelle zu installieren.

Für den größeren Warmwasserbedarf gibt es auch entsprechend leistungsfähigere Speicher mit einer Warmwasserkapazität von 30 bis 150 Litern, die dank ihrer sehr wirkungsvollen Wärmedämmung den Bereitschaftstromverbrauch außergewöhnlich niedrig halten. Auch ihr Raumbedarf ist gering.

So bauen Sie leichte Trennwände in Trockenbauweise

Arbeitsanleitungen

Material

Holzleisten 6×4 und 6×6 cm, Schnellbauschrauben 6×80, Nageldübel N8×80, Anschlußdichtung, Gipskartonplatten, Schrauben, 35 mm lang, Steinwollplatten zur Dämmung, Fugenspachtel, Tiefgrund.
Rundbogen: Rahmenhölzer 2,4×6 cm, Dachlatten 2,4×4,8 cm, 19-mm-Spanplatte, Gipskartonplatten.

Werkzeug

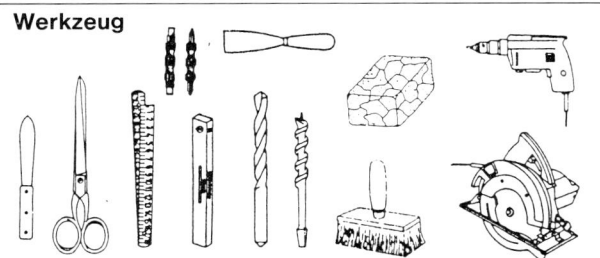

Schwierigkeitsgrad

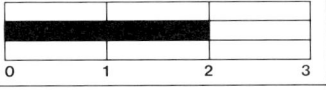

0   1   2   3

Kraftaufwand

0   1   2   3

Arbeitszeit

Sie müssen mit etwa 90–120 Minuten pro Quadratmeter Trennwandfläche rechnen.

Ersparnis

Durch Ihre Eigenleistung sparen Sie 20 bis 25 DM pro Quadratmeter.

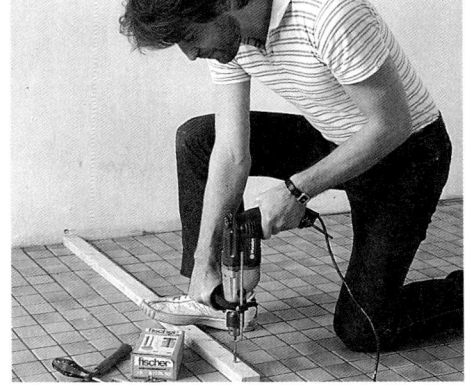

1

2

3

83

Leichte Trennwände in Trockenbauweise sind eine ideale Lösung für eine neue Grundrißaufteilung im alten Haus, zumal sie bei Bedarf auch wieder ohne großen Aufwand demontierbar sind. Das System läßt viele Varianten zu, so zum Beispiel Trennwände mit offenen Durchgängen auch mit Rundbogen, Raumteiler mit eingebauter Tür, glattflächige Trennwände zum Tapezieren oder Fliesen oder auch solche, die durch Landhausputz und aufgesetztes Scheinfachwerk den Eindruck ländlichen Wohnstils vermitteln.

In der Regel wird die Verkleidung mit Gipskarton- oder Gipsfaserplatten durchgeführt. Bei dieser Bauweise wird zunächst die Wandflucht eingemessen und mit einer langen, geraden Richtlatte auf dem Fußboden, an den Wänden wie auch an der Decke angezeichnet.

Arbeitsanleitung

Für einen dichten und schalltechnisch einwandfreien Anschluß der 6×4-cm-Rahmenhölzer, die flach aufliegend angedübelt werden, muß nun zunächst eine selbstklebende Filzanschlußdichtung lückenlos im Verlauf der Rahmenhölzer auf Boden, Wände und Decke geklebt werden.

1. Nachdem Sie die Dichtungen angebracht haben, führen Sie die Montagebohrungen für die Rahmenhölzer aus.

2. Anschließend werden diese ringsum angedübelt. Die große Rahmenfläche wird nun durch senkrechte 6×6 cm messende Ständerhölzer so aufgeteilt, daß bei 2 cm dicken Beplankungselementen die Plattenstöße jeweils mittig auf einem Ständerholz liegen. Bei nur 10 mm dicken Gipskarton- oder Gipsfaserplatten sind die Ständerhölzer so anzuordnen, daß die Platten jeweils noch einmal in der Plattenmitte auf einem Ständerholz aufliegen und damit verschraubt werden können. Bei Gipsfaserplatten mit Format 100×150 cm werden die Ständerhölzer mit einem Mittenabstand von 50 cm an-

geordnet. Dieses Maß erlaubt es, die Beplankung so anzuordnen, daß jeweils auf eine hochkant verlegte Platte eine waagrechte folgt. Auf diese Weise vermeiden Sie Kreuzfugen.

3. Wenn das Ständerwerk fertiggestellt ist, wird es zunächst von einer Seite beplankt und anschließend von der noch offenen Seite zur Schall- und Wärmedämmung Steinwollplatten in die offenen Felder zwischen den Ständerhölzern eingeschnitten. Eine Dampfsperre kann bei Trennwänden normalerweise entfallen, weil bei den durch die Trennwand geteilten Raumhälften ähnliche Temperaturverhältnisse und auch ein gleicher Dampfdruck herrschen. Anders ist dies, wenn eine Trennwand einen unbeheizten Raum von einem beheizten abteilt. In diesem Fall ist auf der wärmeren Seite eine Dampfsperre in Form einer Alu- oder Polyäthylenfolie vorzusehen, die auf die Dämmschicht getackert wird. Dies gilt zum Beispiel dann, wenn von einer Küche ein Vorratsraum abgeteilt wird.

Trennwände mit Rundbogen

Eine Trennwand mit Rundbogen zählt zu den optisch besonders attraktiven Lösungen. Sie bietet sich zum Beispiel in einer Diele an, wenn der unmittelbare Eingangsbereich in Form eines Korridors von der eigentlichen Diele abgetrennt werden soll. Ein Rundbogen empfiehlt sich dann, wenn man eine an sich recht geräumige Diele als zusätzlichen Wohnbereich, vielleicht als Eßplatz für die Familie, nutzen möchte.

4. Die Konstruktion eines Rundbogens in Trockenbauweise zeigt diese Abbildung. Die Unterkonstruktion besteht aus 24×60 mm dicken Rahmenhölzern (1), die durch aufgeschraubte Querstreben (2) aus 24×48 mm dicken Dachlatten verbunden sind. Die Kontur des Rundbogens wird durch zwei Formspanten (3) aus 19-mm-Spanplatte (Emissionsklasse E1) bestimmt. Darin sind Dachlattenabschnitte (4) eingeklinkt, die als zusätzliche Auflagen für

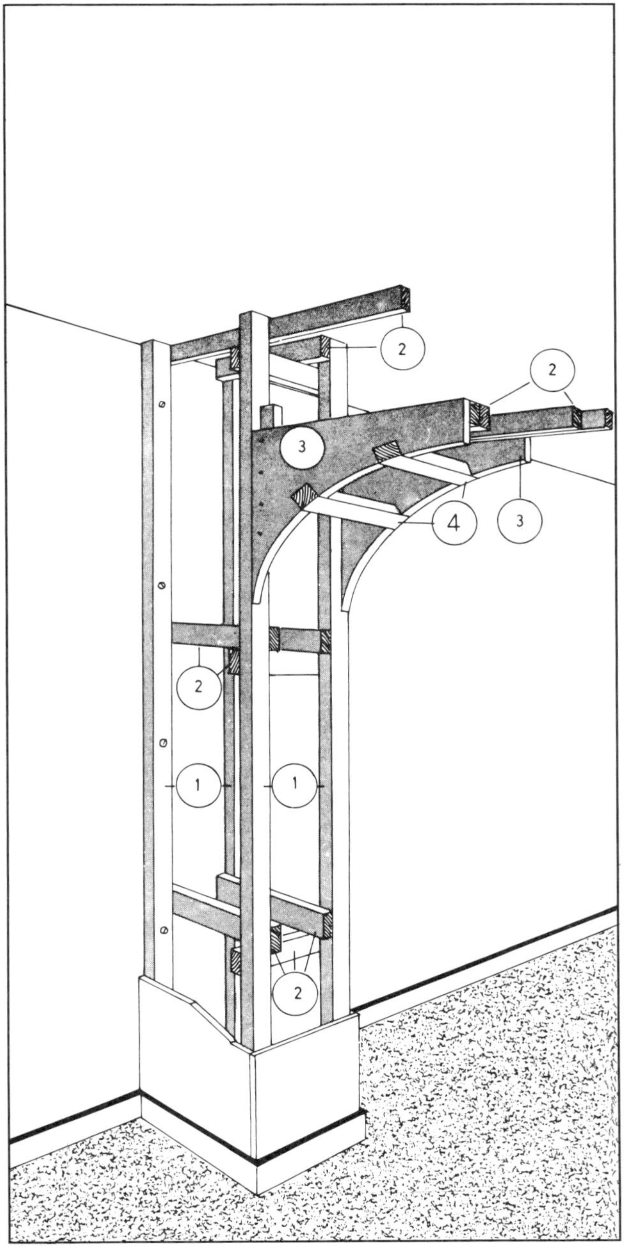

5

6

7

4

Arbeitsanleitungen

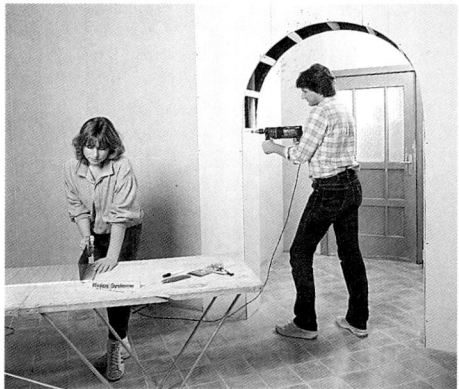

8

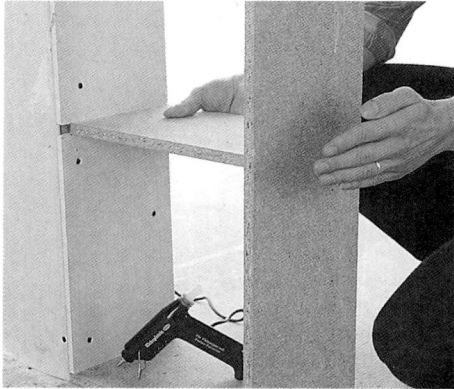

9

10

den Gipskartonplattenstreifen dienen, der die Wölbung des Rundbogens abdeckt.

5. Damit sich der Plattenstreifen harmonisch der Rundung anpaßt, muß er rückseitig im Abstand von 3–4 cm je nach Bogenradius mit einer Feinsäge bis zur halben Materialdicke eingesägt werden. So paßt er sich beim Anschrauben problemlos der Rundung an.

6.–7. Unser Vorher-Nachher-Vergleich einer in Eigenhilfe renovierten Altbauwohnung zeigt, wie die geräumige Diele durch einen Rundbogen in Vorraum und Eßplatz aufgeteilt wurde. Im Sinne einer günstigeren Raumnutzung wurde die Zimmertür links versetzt.

8. Der ganze Bogen wird mit paßgenau zugeschnittenen Gipskartonplatten verkleidet.

9.–10. Das Rundbogenthema läßt sich auch interessant variieren, wie die Abbildungen zeigen. Hier wurde als zusätzliches Gestaltungselement auf beiden Seiten des Rundbogens ein offenes Regal integriert.

Trennwand im Fachwerkstil mit Vitrinen

11. Eine andere attraktive Variante für Liebhaber rustikalen Wohnens ist eine Trennwand im Landhausstil. Sie entsteht in der bereits beschriebenen Bauweise, wobei für die Vitrinen zwei Felder mit entsprechend tiefen Hobelbrettern ausgespart werden. Diese werden mit gestauchten Tischlernägeln unter Leimzugabe in das Ständerwerk eingebaut. Anschließend wird die Gipskartonbeplankung der Vorderseite angesetzt und festgeschraubt. Auf die beplankte Vorderseite der Trennwand werden dann Leisten aufgestiftet, die ein »falsches Fachwerk« bilden.

12. Für die rustikale Note sorgt ein dekorativer Landhausputz, mit dem die Fachwerkfelder nach Abkleben der Innenkanten überzogen werden. Die ausdrucksvolle Putzstruktur entsteht durch anschließendes Abreiben mit einer Kunststoff-Glättkelle.

13. Die Vitrinentüren haben übrigens eine ebenfalls »falsche« Sprossenaufteilung. Sie besteht aus flachen Profilleisten, die nach Abkleben der Scheiben mit Zwei-Komponenten-Kleber direkt auf die Vorderseite des Glases geklebt werden. Das Ergebnis sieht sehr gut und wohnlich aus.

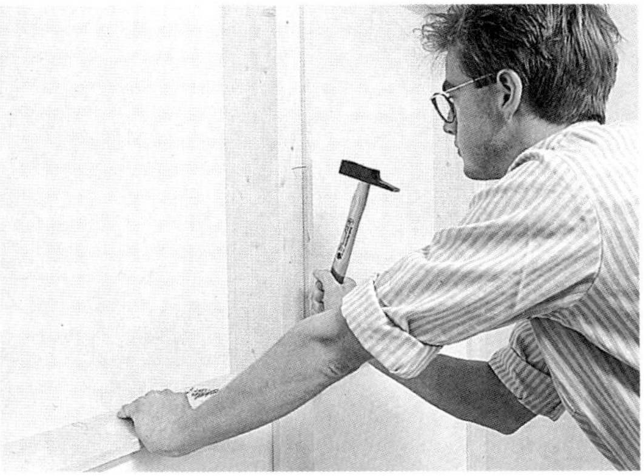

11

12

13

1

2

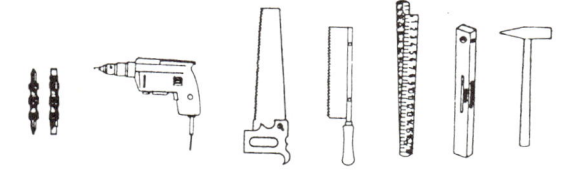

Fertigtüren in Ständerwerke paßgenau einbauen

Material
Holz- oder Stahlblech-Fertigtür mit Ständerwerk-zarge, Schnellbauschrauben.

Werkzeug

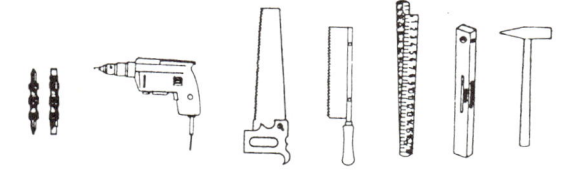

Schwierigkeitsgrad

0	1	2	3

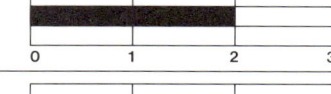

Kraftaufwand

0	1	2	3

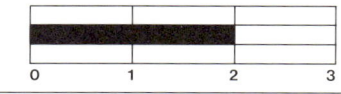

Arbeitszeit
Für den kompletten Türeinbau be-nötigen Sie etwa 1 Stunde.

Ersparnis
Durch Ihre Eigenleistung sparen Sie den Stundenlohn eines Hand-werkers – etwa 50 DM.

3

Sowohl bei unserem Minibad unter der Schräge als auch bei der Trennwand im Fachwerkstil werden die Räume durch eine in die Trennwand eingebaute Tür optisch, akustisch und wärmetechnisch voneinander getrennt. In beiden Fällen wurde eine Stahl-Innentür mit Ständerwerkzarge verwendet. Beim Bad eine Tür mit weißer Kunststoff-Folienbeschichtung und poppig roten Beschlägen (vgl. S. 81), im Landhaus-Zimmer eine ebenfalls kunststoffolienbeschichtete Tür mit aufgesetzten Massivholzleisten im Kassettenlook und zum Raumbild passender Posthorn-Drückergarnitur aus Messing (vgl. Abb. 13 auf S. 87).

Stahl-Innentüren lassen sich, wie unsere Beispiele es beweisen, durchaus effektvoll im Wohnbereich einsetzen. Sie zeichnen sich durch eine dauerhafte Dimensionsstabilität und schließen deshalb immer einwandfrei und dicht. Weitere Vorteile liegen in ihrer guten Schalldämmung und ihrer Widerstandsfähigkeit.

Zum Einbau solcher Türen in Ständerwerke gibt es spezielle Ständerwerkzargen, deren Konstruktion den besonderen Montagebedingungen Rechnung trägt. Die Gipskartonbeplankung wird in der Regel hinter den Zargenrahmen geschoben, dabei ist der Zargentyp entsprechend der geplanten Beplankungsdicke zu wählen, die bei einschaliger Ausführung 10 mm bei doppelschaliger Beplankung wie auch beim Einsatz doppeldicker Platten 20 mm beträgt.

Es gibt auch Ständerwerkzargen für Wände mit doppellagiger Beplankung, wobei die obere Beplankung am Zargenrahmen eine Schattenfuge bildet. In diesem Fall sitzt die Seitenflanke der Zarge auf der unteren Beplankung fest auf, so daß sich hier ein sauberer Abschluß ergibt.

Arbeitsanleitung

1. Die Montage von Ständerwerkzargen ist besonders einfach, muß aber beim Aufbau des Ständerwerks gleich mitgeplant werden.

Die Zarge wird zur Montage in die von senkrechten Ständern und einem Querriegel bestimmte Wandöffnung gestellt. Dies geschieht vor der Beplankung des Ständerwerks.

4

5

6

7

2. Um den richtigen Abstand der Zarge zum Ständerwerk festzulegen, schrauben Sie nun am besten einige Gipskartonabfallstücke auf die Ständer. So erhalten Sie einen Anschlag für die Zarge.

3. Diese verschrauben Sie nunmehr auf der Bandseite durch die werkseitig angeschweißten Montageanker mit dem Ständerwerk.

4. Sie können zur Befestigung der Tür auch die hutförmigen Auflageprofile der Zarge nutzen, an denen später die Gipskartonbeplankung anliegt. In diesem Fall werden genau passende Klötze zwischen die Schenkel dieser Hutprofile geschoben und mit entsprechend langen Schnellbauschrauben mit dem anliegenden Ständerholz verschraubt.

5. Ist die Zarge auf der Bandseite sicher fixiert, wird das Türblatt eingehängt und geschlossen, um nun auch die Anker auf der Schloßseite mit dem Ständerwerk zu verschrauben, dabei sorgt die geschlossene Tür für die exakte Montageposition.

6. Erst nach vollendetem Türeinbau führen Sie die beidseitige Verkleidung des Ständerwerks mit Gipskartonplatten durch, wobei diese nach Entfernen der Distanzstücke hinter die Zarge gesteckt und angeschraubt werden.

7. Die Tür ist nach der Montage funktionsfähig.

Einbau von Holz-Fertigtüren mit Montageschaum

Material

Holz-Fertigtür mit Futter, Montageschaum, Filz- oder Hartschaumstreifen, Stopfwolle, Packklebeband, Bodendichtung, Keile, Kanthölzer.

Werkzeug

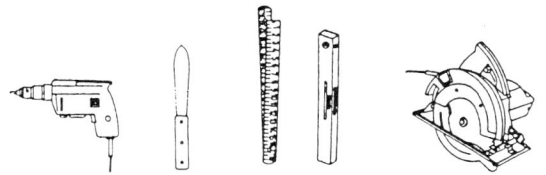

Schwierigkeitsgrad

0	1	2	3

Kraftaufwand

0	1	2	3

Arbeitszeit

Sie benötigen zwischen 2 und 3 Stunden für die Montage.

Ersparnis

Sie können durch Ihre Eigenleistung etwa 80 DM sparen.

1

2

3

Arbeitsanleitungen

4

5

6

Auch die Montage einer Holztür mit Fertigfutter stellt den geschickten Selbermacher heute kaum noch vor Probleme. Baustoffhandel und Baumärkte bieten solche Türen in reicher Auswahl an. Es lohnt sich dabei, auf Qualität zu achten. So sollte die Tür mit einer Dichtung für leises und dichtes Schließen ausgestattet sein. Damit die schalldämmenden Eigenschaften einer Tür auch ungeschmälert wirksam werden, kommt es sehr auf eine fachgerechte, schalltechnisch einwandfreie Türmontage an.

Arbeitsanleitung

1. So darf das Türfutter nicht auf dem Estrich aufsitzen, will man die Übertragung von Körperschall vermeiden. Dies läßt sich leicht erreichen, wenn Sie das Türfutter auf einen Hartschaum- oder Filzstreifen aufsetzen.

2. Aus gleichem Grund ist auch eine starre Verbindung zwischen Mauerwerk und Zarge zu vermeiden. Hier hilft die moderne Kunststofftechnik mit Ein-Komponenten-Montageschaum. Er wird an den oberen Ecken, im Bereich des Schlosses und der Bänder wie auch in Bodennähe zwischen Futter und Mauerwerksöffnung eingespritzt. Während dieser Prozedur muß das Türfutter in der Türöffnung verkeilt werden. Beilagehölzer vermeiden Druckmarkierungen und Kratzer.

Da der Schaum im Hohlraum nachexpandiert, übt er nach der Injektion einen zunehmenden Druck aus, weshalb die Spreizen bis zum Durchhärten des Schaums zwischen den Futterschenkeln verbleiben müssen. Man sollte auch nicht zu üppig mit der Schauminjektion sein, um zu hohen Druck zu vermeiden, der das Fertigfutter deformieren könnte. Folge: Die Tür schließt nicht richtig.

3. Die Hohlräume zwischen Maueröffnung und Futter werden zweckmäßig zur Schalldämmung locker mit Stopfwolle ausgefüllt, nachdem der übergequollene, durchgehärtete Schaum mit einem scharfen Messer abgetrennt worden ist.

4. Dann kann die noch fehlende vordere Zierbekleidung montiert und das Türblatt eingehängt werden.

5. Nun bleibt dem Schall nur noch der schmale Spalt zwischen Türblatt und Fußboden. Auch diesen kann man dämmen, indem man in die Unter-

7

kante des Türblatts eine 12 mm breite und 40 mm tiefe Nut zur Montage einer absenkbaren Bodendichtung fräst. Dies gelingt mit einer eistungsfähigen Handkreissäge mit Wanknuteinrichtung.

6. Zum Schluß wird die absenkbare Bodendichtung in die Nut eingesetzt und mit einigen Stiften auf der Unterseite des Türblatts fixiert.
7. Das dekorativ wie funktionell überzeugende Montageergebnis zeigt diese Abbildung.

1

2

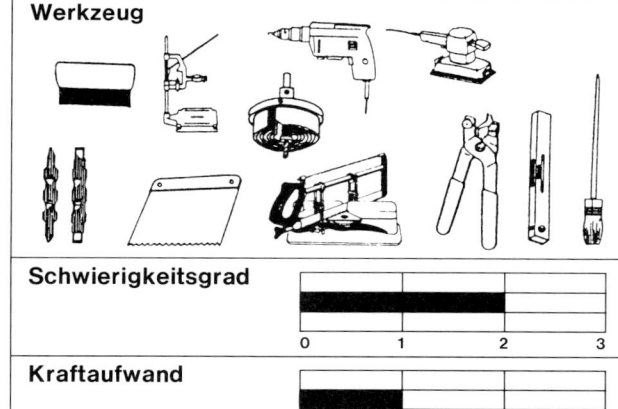

Ein Schminkplatz mit allen Finessen

Material

Spanplatte, Mittelmosaik-Steinzeugfliesen, Fliesenkleber, Fugenbunt, Leisten, Rahmendübel, 8 Topfbandscharniere, 2 Halogenstrahler, Klavierband, Holzleim, Holzschutzgrund, Lackspachtel, Lack, Spiegelklebeband, 3 Spiegelzuschnitte, Elektromaterial.

Werkzeug

Schwierigkeitsgrad

0	1	2	3

Kraftaufwand

0	1	2	3

Arbeitszeit

Für diese Arbeit sollten Sie sich einen Tag Zeit nehmen (ohne Trocken-Wartezeiten).

Ersparnis

Durch Eigenleistung sparen Sie etwa 600 DM.

3

Typisch für Häuser aus der Vorkriegszeit sind einmal die oft sehr dicken Wände und entsprechend tiefen Türlaibungen, zum anderen auch die Vielzahl der Türen, da viele Zimmer nicht nur von der Diele oder einem Flur begehbar waren, sondern auch durch Verbindungstüren untereinander.

Wer ein altes Haus von Grund auf renoviert, wird häufig auf die eine oder andere Tür verzichten können oder sogar müssen, um den vorhandenen Raum optimal zu nutzen. Dabei wird die überflüssige Tür von der einen Seite oft nur zugestellt oder aber ausgehängt und eine passend zugeschnittene Spanplatte in die Türöffnung gesetzt. Dabei ergibt sich von der Gegenseite dann das Problem, was mit der Türnische geschehen soll. Man kann sie selbstverständlich auch mit einer Platte verschließen oder auch nach totaler Demontage der Tür die Öffnung zumauern. Viel sinnvoller kann es zuweilen aber sein, die tote Nische praktisch zu nutzen. Hierbei bieten sich verschiedene Lösungen an: zum Beispiel Auskleiden der Nische mit Spanplattenzuschnitten, die dann gefliest werden. Einige Fugen läßt man offen und schiebt in diese an der Vorderkante geschliffene Glasplatten ein. So ergibt sich ein sehr dekoratives Regal.

Arbeitsanleitung

1. Eine andere interessante Lösung für Schlafzimmer, Diele oder Bad wäre ein Schminkplatz, den Sie selbst in eine solch verlorene Nische einbauen können.

2. Hierzu wird die Rückseite der Türöffnung zunächst mit einer passend zugeschnittenen Spanplatte verschlossen.

3. Diese wird anschließend bis auf eine Höhe von 80 cm mit mattweiß glasiertem Mittelmosaik gefliest. Mit dem gleichen Material fliesen Sie auch den Bereich vor dem geplanten Schminkplatz auf dem Boden. So lassen sich Make-up-Spuren leicht vom Boden entfernen, wenn einmal etwas verschüttet wird. Das nur 5–6 mm dicke Mittelmosaik läßt zum angrenzenden Teppichboden keine Stolperkante entstehen.

4. In der geplanten Tischhöhe werden dann 4×4-cm-Holzleistenzuschnitte genau horizontal ausgerichtet gegen die Türbekleidung wie auch gegen die Spanplatten-

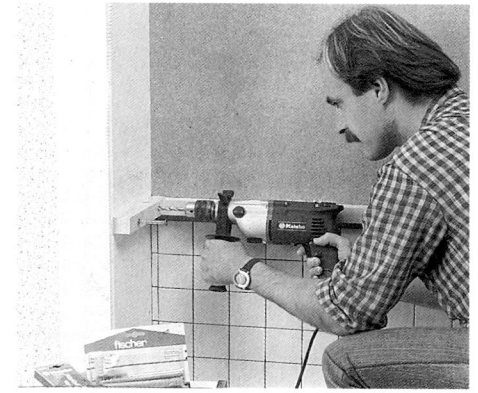

4

5

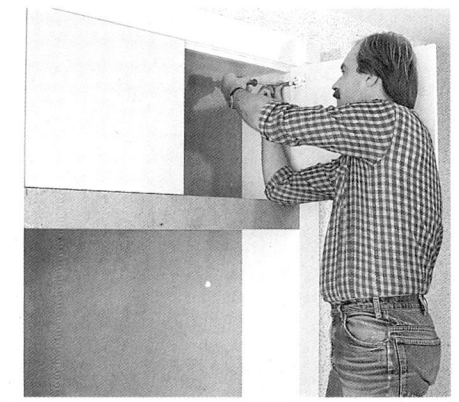

6

7

8

9

rückwand geschraubt. Wenn die Laibung keinen ausreichenden Halt verspricht, verwenden Sie lange Rahmendübel. Diese Leisten bieten dem Schminktisch aus einer 16 mm dicken und beschichteten Spanplatte eine Auflage.

5. Die vorn mit einer Abschlußblende versehene Platte wird, nachdem sie mit den Tragleisten verschraubt wurde, ebenfalls mit Fliesen beklebt. Anschließend verfugen Sie sie passend zur Raumfarbstimmung mit Fugenbunt. Wichtig ist, daß bei der Plattenmontage alle Schraubenköpfe gut versenkt wurden, damit die Fliesen eine plane Auflagefläche finden.

6. Im oberen Drittel der Nische wird ein doppelter Zwischenboden auf gleiche Weise eingebaut. Er nimmt später zwei nach unten gerichtete Halogenstrahler auf. Der Raum oberhalb des Bodens dient Ihnen als Staufach und wird mit zwei Türen aus beschichteter Spanplatte verschlossen. Die Türen hierfür werden mit Topfbandscharnieren angeschlagen, deren Aufnahmebohrungen nach exaktem Anriß unter dem Bohrständer eingebracht werden. Anschließend schrauben Sie die Türen an.

7. Die Montageöffnungen für die beiden Niedervolt-Halogenstrahler können nach vorherigem Verlegen der Anschlußleitungen mit einer Lochsäge ausgeschnitten werden.

8. Für die zum sorgfältigen Frisieren und Schminken nötige Rundumsicht, sorgt ein dreigeteilter Spiegel mit verstellbaren Seitenteilen, die in Ruheposition in einem Winkel von 45 Grad zum Mittelspiegel stehen. So ergibt sich dahinter weiterer Stauraum für Kosmetika und Schminkutensilien. Die hierzu notwendigen Dreiecksböden aus beschichteter Spanplatte werden mit Riffeldübeln unter Leimzugabe montiert. Als nächstes können Sie dann die schwenkbaren Seitentüren mit Klavierband anschlagen.

Alle rohen Spanplattenflächen werden dann mit Holzschutzgrund eingelassen und abgesperrt, bevor die sichtbaren Flächen lackiert werden können. Falls Sie die offenen Schnittkanten nicht durch Anleimer oder Bügelfurnier abdecken wollen, müssen diese Flächen

Arbeitsanleitungen

10

vor dem Lackieren mit Lackspachtel abgezogen werden.

9. Parallel zu den beiden Klavierbändern montieren Sie schließlich Fassungsleisten für je sechs Kopfspiegellampen nach Art eines Theaterspiegels und schließen sie an, bevor die Mittelwand mit Spiegelklebeband versehen und der Spiegel aufgeklebt wird.

10. So wird aus der ungenutzten Türnische ein schmucker und praktischer Schminkplatz.

1

2

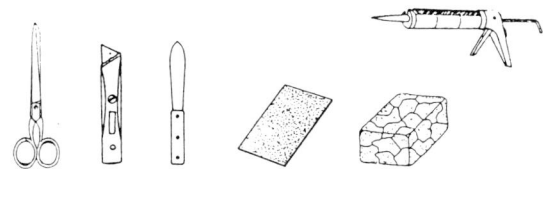

Fenster dauerhaft gegen Zugluft abdichten

Material
Selbstklebende dauerelastische Dichtstreifen oder Silikon-Dichtungsmasse, Primer, Folienstreifen (gibt es zusammen als komplettes System im Fachhandel und Baumarkt).

Werkzeug

Schwierigkeitsgrad

0	1	2	3

Kraftaufwand

0	1	2	3

Arbeitszeit
Je nach Fenstergröße müssen Sie mit 20 bis 40 Minuten einschließlich Nacharbeiten rechnen.

Ersparnis
Sie sparen etwa durchschnittlich 10–15 DM pro Fenster.

3

Als die Energiekrise ihren Höhepunkt erreicht hatte und die Energiepreise in schwindelnde Höhen kletterten, galt die Devise, möglichst jedes erfaßbare Wärmeleck abzudichten, um Energie zu sparen. Im Übereifer wurden an Fenstern und Türen alle möglichen Ritzen und Fugen abgedichtet. Noch ehe sich diese Abdichtungen in der nächsten Heizkostenrechnung niederschlagen konnten, zeigten sie höchst unerwartete Ergebnisse. In vielen Wohnungen bildeten sich recht bald Feuchteflecken und Schimmelbefall. Deutlich spürbarer Luftzug, der sich durch das Flackern einer am Flügelrahmen des Fensters vorbeigeführten Kerzenflamme sichtbar machen läßt, sollte jedoch Anlaß genug sein, etwas zu unternehmen.

Bevor dies geschieht, sollte man das Fenster samt seiner Schließmechanik einer eingehenden Untersuchung unterziehen, Klemmstellen beseitigen und soweit möglich die Verriegelung durch Verstellen der Schließbleche, in die die Verriegelungszapfen greifen, justieren.

Arbeitsanleitung

1. Dazu verwenden Sie eine dauerelastische Dichtung aus Schaumstoff oder in Form einer Schlauchprofildichtung, die eingeklebt wird. Damit diese Dichtstreifen auch sicher im Fensterfalz haften, muß dieser zuvor gründlich gereinigt und auch von losen Anstrichteilen befreit werden. Am besten erfolgt die gesamte Abdichtaktion im Anschluß an einen Überholungs- oder Neuanstrich des Fensters. Selbstverständlich müssen die Klebeflächen trocken und fettfrei sein.

Die Dichtungsstreifen werden, nachdem Sie das Silikonpapier abgezogen haben, sorgfältig in den Falz geklebt und fest angedrückt. Üben Sie beim Kleben keinen Zug auf das Material aus, das sonst gedehnt wird und sich später wieder zusammenzieht, wodurch neue Dichtungslücken entstehen. An den Ecken werden die Dichtungen am besten auf Gehrung geschnitten. Hierzu klebt man sie zunächst leicht übereinander und schneidet dann mit einem scharfen Cuttermesser mit einem Schnitt beide Streifen im Winkel von 45 Grad durch. Entfernen Sie die Abfallstücke und kleben die Dichtungsenden auf Stoß.

4

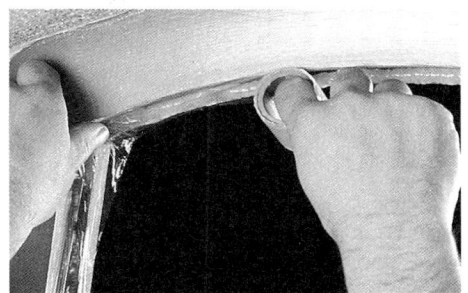
5

6

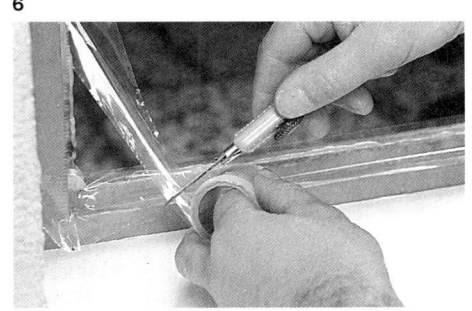
7

Arbeitsanleitungen

Überschüssige Dichtungsmasse wegschneiden

8

9

Dauerelastische Dichtungsstreifen oder Schlauchprofile sind nur in der Lage, begrenzte Abweichungen im Formschluß der Dichtflächen auszugleichen.

2. Gilt es hingegen, größere Zwischenräume im Dichtungsbereich zwischen Blend- und Flügelrahmen abzudichten oder schwankt die Spaltbreite erheblich, so sollte man dauerelastische Silikon-Dichtungsmasse zum Abdichten verwenden. Das Verfahren ist einfach und erfolgssicher. Zunächst ist es unerläßlich, die Haftflächen im Falz des feststehenden Blendrahmens gründlich zu reinigen. Dies gelingt zum Beispiel mit Haushaltreinigern und klarem Wasser. Sie können die Fläche aber auch leicht anschleifen.

Um eine sichere Haftung zu erreichen, werden alle Haftflächen zunächst dünn, aber deckend und gleichmäßig mit einem Haftvermittler (Primer) eingestrichen. Lassen Sie den Primer mindestens 30 Minuten ablüften.

3. In der Zwischenzeit wird die Kartusche vorbereitet, indem man ihre Spitze oberhalb des Gewindes abschneidet, die Spritzdüse aufschraubt und diese schräg anschneidet.

Durch langsames Drehen der Spindel wird die transparente Dichtungsmasse ausgepreßt und in den Falz gespritzt. Dabei führen Sie die Kartuschenspitze langsam und gleichmäßig an der Dichtfläche entlang.

4. Der Vorteil dieser im Auftragszustand pastösen Dichtmasse liegt darin, daß sie sich der Fensterkontur genau anpaßt, schmalere wie breitere Spalte ausfüllt und auch bei Rundbogenfenstern für eine zuverlässige Abdichtung sorgt.

5. Wenn der Falz rundum ausgespritzt ist, wird die aufgetragene Dichtmasse mit Trennfolie abgedeckt.

6. Dabei darauf achten, daß die Folie den Massenstrang genau mittig überdeckt.

7. Lassen Sie die Folie an den Ecken überlappen.

8.–9. Es darf erst nach einer Wartezeit von mindestens zwei Tagen wieder geöffnet werden, um nun den übergequollenen und inzwischen vulkanisierten Dichtstoff mit einem scharfen Universalmesser entlang den Falzkanten zu beschneiden. Vergessen Sie nicht, zuvor die Trennfolie abzuziehen. Danach ist das Fenster dicht.

Alte Fenster durch Kunststoff-Fenster ersetzen

Material

Kunststoff-Fenster nach Aufmaß, Rahmendübel für Dübelmontage oder Nylondübel für Ankermontage, Ein-Komponenten-Polyurethan-Hartschaum B2, Stopfwolle, Silikon-Dichtungsmasse, Zellulose-spachtel.

Werkzeug

Schwierigkeitsgrad

0	1	2	3

Kraftaufwand

0	1	2	3

Arbeitszeit

Pro Fenster je nach Größe und Einbaubedingungen ist ein halber Tag einschließlich Nacharbeiten vorzusehen.

Ersparnis

Je nach Fenstergröße sparen Sie pro Fenster 150 bis 200 DM.

1

2

3

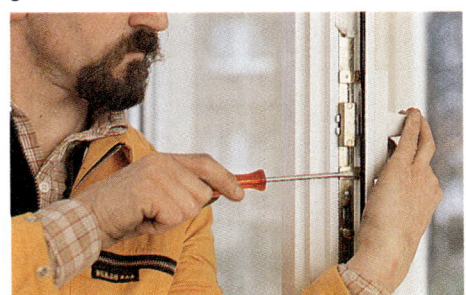

4

101

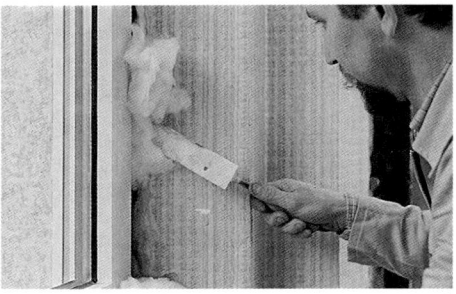

5

6

7

8

Arbeitsanleitung

Zur Montage des Fensters muß der Fensterflügel ausgebaut werden. Dies geschieht, indem man den Dorn des oberen Bandes bei geöffnetem Flügel nach unten herauszieht.

1. Vor der Neumontage muß der alte Holzrahmen ausgebaut werden. Dies geschieht, indem man den Blendrahmen nach Aushängen der Flügel mittig mit einer Bügelsäge durchtrennt und herausbricht.

2. In die Mauerwerksöffnung wird nun der neue Rahmen eingestellt, mit wärmedämmenden Beilagen unterbaut und diagonal verkeilt.

3. Anschließend sichern Sie den Rahmen mit Zwingen und richten ihn aus. Darauf achten, daß der Rahmen weder nach außen noch nach innen geneigt ist.

Anschließend werden die Montagebohrungen mit einem scharfen Holzbohrer eingebracht. Die Bohrungen sind so zu plazieren, daß jeweils 20 cm Abstand zu den Ecken eingehalten wird und die Dübel keinen größeren Abstand als 80 cm voneinander haben. Die Rahmenbohrungen dienen beim Bohren der Dübellöcher als Führung. Hierbei kommt ein langer Steinbohrer zum Einsatz. Der entsprechend dem Dübelmaß plus Zugabe von 10 mm eingestellte Tiefenanschlag sorgt für die richtige Bohrtiefe.

Jetzt können die Dübel gesetzt und die zugehörigen Montageschrauben eingezogen werden. Damit sitzt der Blendrahmen bereits sicher verankert, so daß nun der Flügel wieder eingehängt und durch Eindrücken des zuvor entfernten Scharnierbolzens fixiert werden kann.

4. Es gilt, den Drehkipp-Beschlag anzuschrauben und den Spalt zwischen Mauerwerk und Blendrahmen mit Polyurethan-Hartschaum auszuschäumen.

5. Etwaig verbliebene Hohlräume lassen sich jetzt noch mit Stopfwolle wärmedämmend ausfüllen.

6. Zum Schluß wird die außenseitige Anschlußfuge zwischen Mauerwerk und Blendrahmen versiegelt.

7. Mit der Feineinstellung der Fensterflügel wird das Fenster justiert.

8. Kunststoff-Fenster gibt es nach Maß in vielen Ausführungen.

Fliesen auf alten Holzdielenböden verlegen

Material
Fettlösende Lauge, Haftgrundierung, Armierungsge-webe, Schaumstoffstreifen, Ausgleichsmasse, Flie-senklebemörtel.

Werkzeug

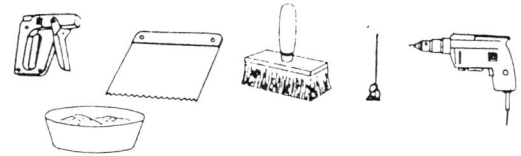

Schwierigkeitsgrad

0	1	2	3

Kraftaufwand

0	1	2	3

Arbeitszeit
Pro Quadratmeter Fliesenfläche müssen Sie etwa 30 Minuten veran-schlagen.

Ersparnis
Durch Ihre Eigenleistung sparen Sie pro Quadratmeter 25 DM.

1

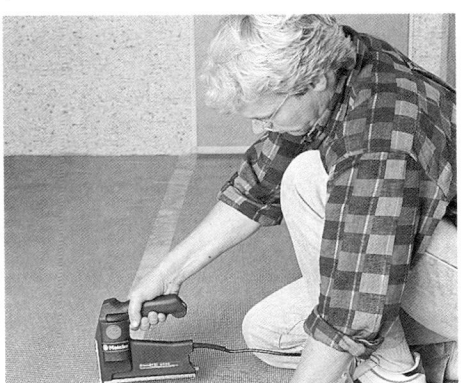

2

3

4

5

6

Arbeitsanleitung

Neuerdings kann man keramische Fliesen sogar auf Holzdielenböden verlegen. Hierzu werden zunächst die alten Dielen, soweit notwendig, nachgenagelt oder mit Schnellbauschrauben fixiert.

1. Nachdem Sie die Dielen gründlich mit einer fettlösenden Lauge geputzt haben und der Boden anschließend gut durchgetrocknet ist, wird er mit einer Haftgrundierung gestrichen. Diese wird mit einer Deckenbürste oder einer Schaumstoffwalze aufgetragen.

2. Danach legen Sie ein grundrißdeckendes Armierungsgewebe auf. Die einzelnen Bahnen werden etwa handbreit überlappend ausgelegt und am Holzboden angetackert.

3. Im nächsten Arbeitsschritt dichten Sie den Wandanschluß ringsum mit Schaumstoffstreifen ab.

4. Dann mischen Sie eine spezielle Ausgleichsmasse mit Wasser und einem in die Bohrmaschine gespannten Rührer an. Sie ist selbstverlaufend eingestellt und bildet beim Ausgießen auf dem wie beschrieben vorbereiteten Dielenboden eine planebene Ausgleichsschicht. Auf diese wird anschließend der Fliesenklebemörtel in der üblichen Weise aufgezogen.

5. Kämmen Sie den Mörtel mit einer Zahnspachtel durch und legen Sie die Fliesen ins Kleberbett. Fugenkreuze oder netzgeklebte Tafeln sorgen für ein gleichmäßiges Fugenbild.

6. Um Probleme mit den Türen ebenso wie Stolperschwellen bei Übergängen zu anderen Bodenbelägen zu vermeiden, sollten Sie in solchen Fällen extra dünne Renovationsfliesen verwenden, die trotz ihrer geringen Dicke von 6 mm bei einem Format von derzeit bis zu 30×30 cm die gleichen Festigkeitswerte aufweisen wie normal dicke Bodenfliesen.

Eine andere praktikable Lösung bietet feinkeramisches Steinzeug-Mosaik im Klein- oder Mittelformat, das in der Regel auch nicht dicker als 5 bis 6 mm ist.

7. Neben dem üblichen Einsatz von Fliesen in Naßräumen haben sie sich auch im Eingangsbereich und in Dielen sehr bewährt. Sie sind pflegeleicht, lassen sich gut wischen und schaffen großzügige Wohnlichkeit.

1

2

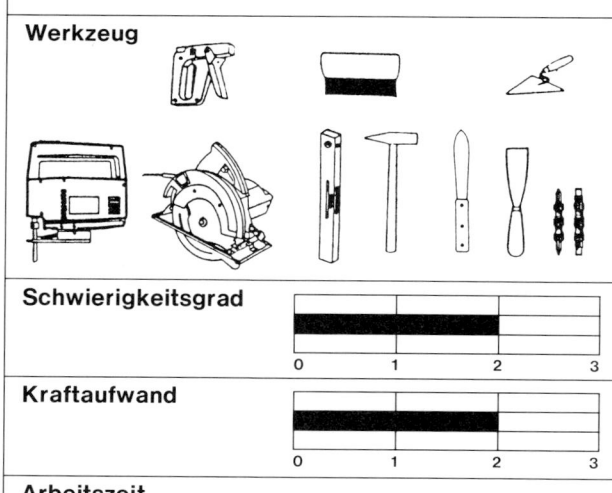

Ein Dachausbau schafft zusätzlich Räume

Material
Für den Dachausbau benötigen Sie eine ganze Reihe von Materialien, die wir hier nicht alle nennen können. Bitte informieren Sie sich auf Seite 107.

Werkzeug

Schwierigkeitsgrad

| 0 | 1 | 2 | 3 |

Kraftaufwand

| 0 | 1 | 2 | 3 |

Arbeitszeit
Ein Dachausbau kostet Zeit. Rechnen Sie mit etwa 4 bis 5 Tagen.

Ersparnis
Durch Ihre Eigenleistung sparen Sie zwischen 2000 und 3000 DM.

3

Der Dachboden, häufig auch Speicher genannt, hat in vielen alten Häusern oft einzig und allein die Funktion einer Abstellkammer. Dafür ist er aber heute, da Wohnraum teuer ist, viel zu schade, und so werden immer mehr Dachböden wohnlich ausgebaut, zur Twen-Wohnung für den Nachwuchs oder auch bei ausreichendem Platzangebot zu einem kompletten Familienheim. Wenn auch die Schräge beim Möblieren ihre Tücken haben mag, gemütlich ist das Wohnen unterm Dach allemal.

Wenn der Speicher zum Wohnen genutzt werden soll, muß man allerdings für das notwendige Licht sorgen und den geplanten Ausbau der Baubehörde melden, um die Genehmigung einzuholen. Sie ist nicht notwendig, wenn Sie nicht unterm Dach wohnen, sondern den Dachboden lediglich als Hobbyraum nutzen.

Diese Nutzung ist eine interessante Alternative zum Keller, der oft wegen der Enge der Räume und ihrer geringen Deckenhöhe Probleme bereitet.

Wer den Dachboden für Hobby-Aktivitäten nutzen möchte, sollte auf eine vernünftige Dämmung nicht verzichten, sonst wird es im Sommer unerträglich heiß, und im Winter wäre es zu kalt, um die Freizeit unterm Dach zu verbringen.

Sie benötigen eine Reihe von Materialien: Steinwoll-Dämmkeile 100 mm dick, Alufolie als Dampfsperre, Traglattung 24×48 mm, Gipskartonplatten, 35 mm Schrauben, Gipskarton-Verbundplatten, Ansetzbinder, Fugenspachtel, Nut-Feder-Bretter, Montagekrallen, Vorstreichfarbe, Lack, Tiefgrund, Profil-Strukturtapete, Teppichboden, Teppichklebeband, Fliesenklebemörtel, Renovationsfliesen, Steingutfliesen, Spanplatte E1 (16 u. 19 mm), Holzleim, Spannschlösser und Ketten.

Arbeitsanleitung

1. Zur Dämmung verwendet man am besten nichtbrennbare Dämmstoffe. In unserem Beispiel wurden die Sparrenfelder mit 10 cm dicken Steinwoll-Dämmkeilen mit einer Wärmeleitzahl von 0,035 W/mK (k-Wert) ausgefacht.

2.–3. Für die anschließende Verkleidung der Schräge wurden die Sparren mit aufgeschraubten Traglatten

4

5

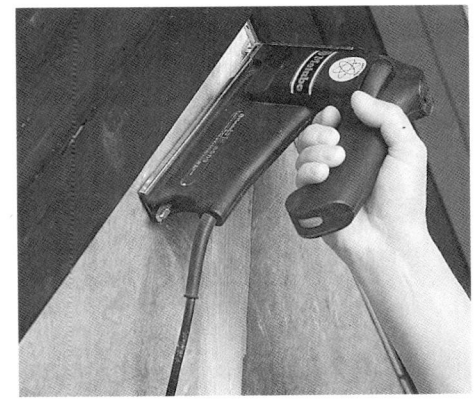

6

7

8

9

versehen, auf denen passend zugeschnittene Gipskartonzuschnitte mit Schnellbauschrauben angebracht wurden. In gleicher Weise wurde auch die mit seitlich auf die Sparren aufgenagelten Brettern und einer Traglattung gebildete Decke gedämmt und verkleidet.

4. An die kalte Giebelwand wurden Gipskarton-Verbundplatten mit 20 mm Hartschaumauflage mit Ansetzbinder angesetzt, wobei am Boden zwei und am Dekkenanschluß knapp ein Zentimeter Luft gelassen wurde, um das Abbinden des Ansetzmörtels zu beschleunigen. Nachdem Sie alle Gipskartonplatten angebracht haben, werden die Fugen verspachtelt, geschliffen, nachgespachtelt und nochmals geschliffen.

5. Für eine pfiffige Optik der Schräge sorgen in unserem Beispiel im Fischgrät-Verband verlegte Nut-Feder-Bretter, die die Gipskartonflächen unterbrechen und dem ungemütlichen D-Zug-Look der meist langgestreckten Dachböden entgegenwirken.

Die Verlegung erfordert zwar einigen Aufwand und vor allem Präzision, doch lohnt der Effekt durchaus die Mühe.

Der Zuschnitt der Nut-Feder-Bretter erfolgt, nachdem Sie genau gemessen haben, am besten mit der in einen Sägetisch eingespannten Handkreissäge. Holz arbeitet. Deshalb ist es notwendig, die Bretter vor der Montage zu grundieren und zu lackieren. So vermeiden Sie, daß später nicht behandelte Bereiche der Oberfläche hervorblitzen. Eine Abstufung in verschiedenen Aufhellungsstufen ein und derselben Farbe, in unserem Beispiel in schönen Blautönen, die die Atmosphäre prägen, verleiht dem Raum sein besonderes Gesicht.

6. Nach dem Lackieren werden die Nut-Feder-Bretter mit Blechkrallen auf der Traglattung befestigt. Hierzu dienen jeweils zwei seitliche Leisten im Anschluß an die Traglattung der Gipskartonflächen und eine weitere, in der Mitte zwischen den Randleisten auf einem Dachsparren verschraubte Futterleiste. Nut-Feder-Bretter und Gipskartonplatten liegen dabei in ihren Oberflächen in einer Ebene. Dies wird durch eine entsprechende Dicke der Montageleisten für die Nut-Feder-Bretter erreicht.

7. Die fertig verlegten Fischgrätfelder müssen zum Schutz gegen Spritzer mit Folie und Klebeband abgedeckt werden, wenn Sie anschließend den Tiefengrund auf die Gipskartonflächen auftragen.

8. Die Tiefgrundierung ist getrocknet. Jetzt können Sie die Deckenfläche mit einer markanten Superkorn-Rauhfaser tapezieren und anschließend streichen. Für die Gipskartonflächen der Giebelwände wie auch der Schrägen wurde eine elegante geschäumte Prägetapete gewählt, die sauber auf Stoß geklebt wird.

9. Als Sitzgelegenheit unter der Schräge dachten sich unsere Selbst-Renovierer ein flaches Spanplatten-Podest aus, das mit Stützspanten im Abstand von 40 cm versehen und mit einer 19 mm dicken aufgeschraubten Spanplatte abgedeckt wird. Polsterauflagen machen daraus später eine bequeme Sitzmöglichkeit für fröhliche Feste.

10. Ebenfalls aus Spanplatte wurde ein rechteckiger Bartresen gebaut, der mit einer Reihe von Fachböden den nötigen Stauraum für Gläser, Getränke und die Stereoanlage bietet (vgl. dazu auch Abb. 15). Seine Platte wie auch die Front wurden mit Fliesen verkleidet, wobei sich ohne Werkzeug in schmale Streifen und Dreiecke zu brechende Dekorfliesen als angenehm praktische Lösung erwiesen.

11. Ihren besonderen Pfiff erhielt unsere Bar durch drei aus Schlitzen in der Front ragende L-förmige Sitze.

12. Damit die Bar unter dem Gewicht der Partygäste nicht umkippen kann, wurde sie rückseitig dreifach mit einer Kette, die mit einem Spannschloß versehen ist, und 10-mm-Nylondübeln im Fußboden verankert. Beim Bohren in harten Betonboden ist ein pneumatischer Bohrhammer hilfreich.

13. Zu einer zünftigen Bar gehört auch eine Tanzfläche. Sie besteht aus einer gefliesten Fläche, die durch die geringe Scherbendicke der verwendeten Renovationsfliesen schwellenlos in die später angrenzende Teppichbodenfläche übergeht. So vermeiden Sie tückische Stolperfallen!

14. Der Teppichboden wurde lose mit doppelseitigem Klebeband verlegt.

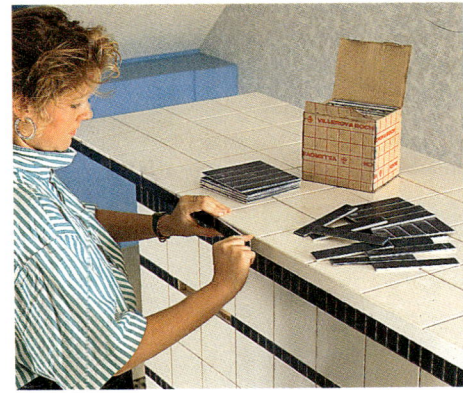

10

11

12

Arbeitsanleitungen

13

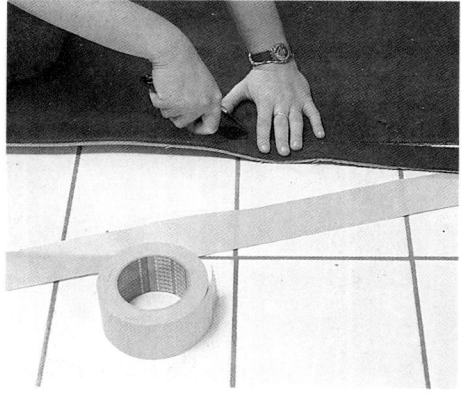

14

15. Mit den Restfliesen wurde schließlich die Front des Spanplattenpodestes beklebt und so das auf Blaunuancen und Weißtönen aufgebaute Farbspiel der Bar unterm Dach effektvoll abgerundet.

»Unterm Dach juchhe« kann man selbstverständlich nicht nur feiern. Hier bieten sich vielfältige Möglichkeiten für Freizeit-Aktivitäten von der Modellbau-Werkstatt über ein Dorado für Modelleisenbahn-Fans bis zur Heimwerkstatt oder zum Trimmraum.

Während es bei einem Partyraum unterm Dach oder beim Standort für die Modelleisenbahn weniger ausmacht, wegen fehlender Fenster hauptsächlich auf Kunstlicht angewiesen zu sein, kommt man beim Wohnen unterm Dach ebenso wenig ohne großzügigen Lichteinfall und entsprechende Lüftungsmöglichkeiten aus, wie bei einer Nutzung des Dachgeschosses als Trimmraum. Wenn zusätzliche Fenster eingebaut werden sollen, so bedarf es, wie schon gesagt, einer Genehmigung durch die Baubehörde, und auch die Nachbarn müssen in der Regel ihr Einverständnis erklären.

In Baumärkten und Baustoffhandlungen gibt es ein großes Angebot an Dachflächen- und Atelier-Fenstern, die man zum Teil auch selbst einbauen kann. Man sollte sich aber auf jeden Fall fachlich beraten lassen, denn Fehler beim Fenstereinbau und daraus resultierende Undichtigkeiten können kostspielige Folgeschäden nach sich ziehen. Empfehlenswert ist eine Arbeitsteilung mit einem Fachmann, wobei sich der Do-it-Yourselfer auf die weniger kritischen Bereiche konzentrieren sollte.

Licht, Luft und Sonne und eine willkommene Unterbrechung des meist unwohnlich langgestreckten Dachraumes bringt ein Dacheinschnitt, dessen Planung und Ausführung man allerdings unbedingt einem Profil überlassen sollte. Ein solcher Dacheinschnitt schafft einen kleinen Freisitz, große Fensterflächen und viel Atmosphäre. Er ist aber nur möglich, wenn das Dachgeschoß eine ausreichende Breite aufweist. In der Regel sind etwa 6–8 m Basisbreite notwendig. Zusätzliche Informationen gibt Ihnen auch ein weiterer Band dieser Reihe zum Thema **Fenster, Türen und Tore einbauen.**

15

Ein Bad fürs Kinder- oder Gästezimmer

Material

6×4-cm-Rahmenhölzer, 24×48 mm Latten, Nageldübel, Schrauben 5×50, Steinwollplatten, Stopfwolle, Anschlußdichtung, Gipskartonplatten, Sanitärfugendichter, 35-mm-Spezialschrauben, Fliesen, Waschtisch mit Unterbauschrank, keramische Duschwanne, Fliesenkleber, Fliesenklebemörtel, Fugenweiß.

Werkzeug

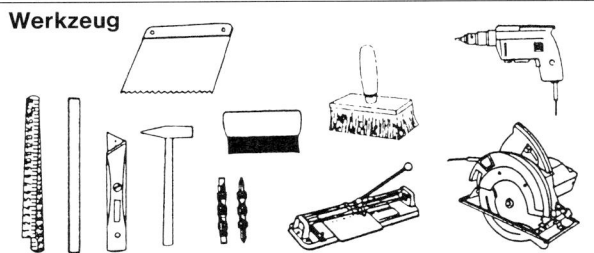

Schwierigkeitsgrad

0	1	2	3

Kraftaufwand

0	1	2	3

Arbeitszeit

Sie benötigen etwa 30 Stunden ohne Installationsarbeiten, die Sie dem Fachmann überlassen sollten.

Ersparnis

Durch Ihre Eigenleistung können Sie bis zu 1500 DM sparen.

1

2

3

4

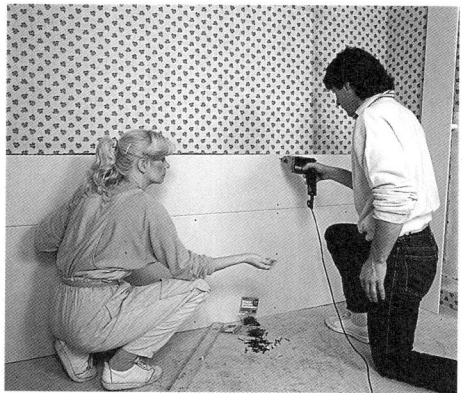

5

6

Wenn auch nach einem bekannten Song morgens um sieben die Welt noch in Ordnung sein soll, so trifft dies für viele Familien kaum zu, weil sich Eltern und Kinder im einzigen Bad drängen, das oft sogar auch noch die Toilette beherbergt.

Soll diesem Problem ein Ende bereitet werden, gibt es nur eine Lösung: Ein zweites Bad muß her!

Oft bietet sich die Möglichkeit, das Zweitbad von einem Gäste- oder Kinderzimmer abzuteilen, wenn in erreichbarer Nähe, zum Beispiel von einer benachbarten Küche oder Toilette aus, die notwendigen Ver- und Entsorgungsleitungen herangeführt werden können. Der Raumbedarf für ein kompaktes Zweitbad mit Waschtisch und Dusche ist nicht allzu groß. Drei Quadratmeter reichen durchaus.

Die gesamte Installation wird in der bereits ausführlich beschriebenen Vorwand-Installation ausgeführt. Etwaige Gefälleprobleme beim Abfluß der Dusche lassen sich lösen, wenn man die Duschwanne auf ein flaches Podest aus Gasbetonsteinen setzt und die Abflußleitung von dort hinter die Vorsatzschale führt.

Wenn das Zweitbad wie in unserem Beispiel nicht vollständig vom Kinder- oder Gästezimmer abgeteilt ist und die Dusche regelmäßig benutzt wird, kommt der Entlüftung des Raums zur Ableitung von Wasserdampf und Feuchtigkeit besondere Bedeutung zu. Eine Möglichkeit ist der Einbau einer Luftabsaugung mit Ventilator und die Abführung der feuchten Luft nach außen beziehungsweise in einen Lüftungszug, wie man ihn von fensterlosen Bädern kennt.

Als wirksam erweist sich aber auch eine intensive Stoßlüftung unmittelbar nach dem Duschen. Im Zweifelsfall ist eine volle Abtrennung der Naßzelle durch eine zum Beispiel in Trockenbauweise erstellte Trennwand wie bei unserem Kompaktbad unter der Schräge (vgl. S. 76) zu empfehlen.

Der Einbau des Zweitbads erfolgt in unserem Beispiel an der Stirnwand des Kinderzimmers, die sich wegen der unmittelbaren Nachbarschaft zum WC der Wohnung durch kurze Installationswege empfahl. Die notwendigen Leitungen wurden vom Fachmann verlegt, der auch zur Warmwasserbereitung vor Ort einen kompakten Durchlauferhitzer anbrachte. Das kompakte Gerät wurde im Unterbauschrank des Waschtischs geschickt versteckt.

Beachten Sie jedoch, daß Sie für die Inbetriebnahme eines Durchlauferhitzers 5 kW benötigen. Gute Dienste leistet auch ein Boiler, den Sie an einer normalen Steckdose anschließen können.

Arbeitsanleitung

1. Hinter einer 80 cm hohen Vorsatzschale, die konventionell mit einer hölzernen Unterkonstruktion erreichte wurde, sind die gesamten Leitungen versteckt. Hierzu werden zunächst 4×6-cm-Hölzer mit 10,5 cm Wandabstand auf dem Fußboden angedübelt.

2. Genau 76 cm über dem Fußbodenniveau wird dann die Oberkante der Wandleiste angezeichnet. Auch sie hat einen Querschnitt von 6×4 cm. Zu ihrer Befestigung in Bimsmauerwerk dienten Nylon-Rahmendübel mit 8 mm Dicke und 80 mm Länge, die im Durchsteckverfahren gesetzt werden. Zur Montage der Halteleiste verwenden Sie 6×80-mm-Senkkopfschrauben.

3. Vor die Bodenleiste werden nun im Abstand von 42 cm senkrechte Traglatten (24×48 mm) geschraubt und mit einer durchgehenden 6×4-cm-Abschlußleiste verbunden. Diese wird wiederum mit 24×48-mm-Leistenabschnitten mit der oberen Wandleiste fest verbunden.

4. Damit der spätere Hohlraum nicht zum geräuscheverstärkenden Resonanzkasten wird, ist eine Dämmung unerläßlich. Sie erfolgt in unserem Beispiel mit Steinwollplatten und Stopfwolle.

5. Anschließend verkleiden Sie die Kastenkonstruktion mit waagrecht angeordneten Gipskartonplatten. Berücksichtigen Sie dabei eine Bodenfuge, die vor aufsteigender Feuchtigkeit schützt. Verfugen Sie sie später dauerelastisch.

Auch um die Rohraustritte verbleibt ein etwa 1 cm breiter Ringspalt zur späteren Abdichtung mit Silikon-Dichtungsmasse.

6. Bevor Sie mit dem Fliesenverlegen beginnen, wird die Vorwandschale tiefgrundiert.

7

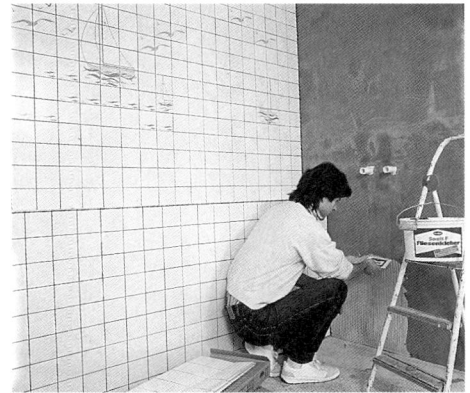

8

9

10

11

12

7.–8. Während an den nicht direkt wasserbelasteten Flächen Dispersions-Fliesenkleber zum Einsatz kommt, werden die Fliesen in der Duschecke mit Epoxid-Fliesenkleber verklebt, um eine Feuchtigkeitseinwirkung von den Gipskartonplatten abzuschirmen.

9. Aus diesem Grund wie auch wegen des Zusammentreffens verschiedener Verlegeuntergründe werden die Eckfugen zwischen massiven Raumwänden und Gipskarton-Vorsatzschale dauerelastisch verfugt. Hierzu wird die Fuge beidseitig abgeklebt, ausgespritzt, mit dem mit Seifenwasser benetzten Finger die Silikonmasse vorgeglättet und nach Abziehen der Klebebänder nachgeglättet. Dazu benutzen Sie wiederum die Fingerspitze mit Seifenwasser, damit die Silikonmasse nicht an der Haut haftet.

10. Für die Althausmodernisierung eignet sich die in unserem Beispiel verwendete hochbordige keramische Duschwanne besonders gut. Ihr hochgelagerter Boden bietet im unteren Teil den nötigen Installationsraum und sorgt zugleich für das unverzichtbare Gefälle der Abflußleitung. Die glasierten Seitenflächen machen zudem ein Ummauern überflüssig, womit nicht nur Platz, sondern zugleich auch Arbeitsaufwand gespart wird. In unserem Beispiel wurde eine 80×80-cm-Brausewanne verwendet, auf deren Rand eine Duschabtrennung aufgesetzt werden kann.

Nach gelungener Installation der Duschwanne konnte schließlich auch der Fußboden gefliest werden. Die Anschlußfugen zwischen Fliesenbelag und Brausewanne verfugen Sie ebenfalls dauerelastisch.

11. Für die Abtrennung des Kompaktbades gegenüber dem übrigen Raum dienen zwei quergestellte Schränke mit dazwischen angeordneten Lamellentüren. Die Rückwände der Schränke werden mit einer Spanplatte (E 1) aufgedoppelt und mit Epoxid-Fliesenkleber ebenfalls gefliest, um eine pflegeleichte und feuchtigkeitsabweisende Oberfläche zu erhalten.

12. So ergibt sich ein funktionelles Zweitbad auf kleinstem Raum, das mit der halbhohen Vorsatzschale nicht nur eine praktische Installationslösung, sondern zugleich auch eine ausreichende Ablagefläche bietet.

Ein Küchenblock aus Gasbeton selbst gemauert

Material

Gasbeton-Plansteine, Klebemörtel, Fliesen, Fliesen-kleber, Fugenweiß, Gasbetondübel, Tiefgrund, Land-hausputz, Drahtglas bzw. Stahlbleche, 16-mm-Spanplatte, Holzleim, Holzschutzgrund, Lackspach-tel, Lack, Fliesenkleber, Klebeband, Leisten 3×3 cm, 8-mm-Rahmendübel, Maler- u. Dekorklebeband.

Werkzeug

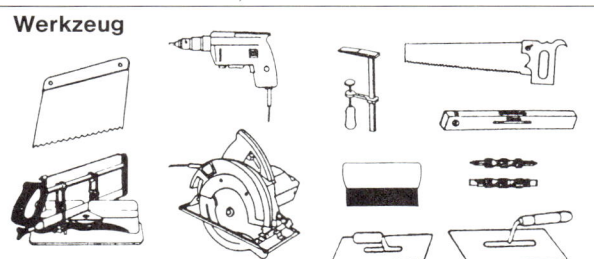

Schwierigkeitsgrad

0	1	2	3

Kraftaufwand

0	1	2	3

Arbeitszeit

Sie müssen mit etwa 40 Stunden rechnen.

Ersparnis

Die Ersparnis gegenüber der Aus-führung durch einen Profi beträgt etwa 1500 DM.

1

2

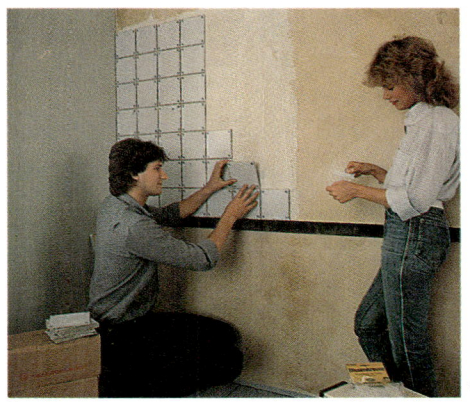

3

4

5

6

Arbeitsanleitung

Wer ein altes Haus von Grund auf renoviert und modernisiert, stellt sich zum guten Schluß oft die Frage nach der Möblierung der verjüngten Althauswände. Wer geschickt ist, kann diese Frage unter Umständen gleichzeitig mit der Renovierung lösen. Das Patentrezept sind aus Gasbeton-Plansteinen gemauerte Möbel. Sie bieten sich sowohl für den modernen, sachlichen Wohnstil als auch für ein Ambiente im Landhausstil an.

1.–2. Mauern kann man zum Beispiel eine Garderobennische in der Diele oder eine gemütliche Probierecke im privaten Weinkeller.

Es gelingt aber auch eine komplette Kücheneinrichtung. Wer sich für selbstgemauerte Möbel entscheidet, sollte berücksichtigen, daß die Stollenbauweise mit Gasbeton-Plansteinen immerhin pro Zwischenwand (Stollen) 10 cm Raum beansprucht, also Platz kostet. Dafür ist aber eine selbstgemauerte Küche auch etwas Besonderes und ganz Individuelles.

Das Wichtigste bei einer selbstgemauerten Kücheneinrichtung ist wie bei jeder Küchenausstattung eine durchdachte Planung, zumal Sie sie später nicht einfach nur umräumen können, um etwas zu ändern.

Eine solche Küche besteht aus Gasbetonsäulen, die eine Arbeitsplatte aus phenolharzgebundener, wasserfester Spanplatte tragen. Die Säulen kann man sowohl mit Fliesen bekleben als auch mit Landhausputz überziehen. Die Arbeitsplatte wird auf jeden Fall gefliest.

Schränke braucht unsere Landhausküche keine, denn als Stauraum steht das Volumen zwischen den Gasbetonsäulen zur Verfügung. Spanplattenzuschnitte, Drahtglas oder vorn abgekantete Edelstahlbleche geben ideale Fachböden ab und finden in nicht verfugten Fliesenfugen die nötige Auflage. Man kann solche Staufächer offen lassen oder auch mit selbstgebauten Türen verschließen, die an den Gasbetonsäulen mit angedübelten Scharnieren angeschlagen werden.

Wenn Sie an die Planung gehen, sollten Sie alle Gerätemaße genau kennen, um einmal die Gasbetonsäulen entsprechend zu planen, aber auch um Montage- und Lüftungsöffnungen – zum Beispiel für Kühlschrank und

Gefrierschrank – bedarfsgerecht vorzusehen. Auch die Spüle sollte bereits vorhanden sein, um ihre Einbaumaße berücksichtigen zu können.

Aufgrund dieser Daten nehmen Sie dann die Grundrißplanung der gemauerten Landhausküche vor. Ihr entsprechend werden die Säulenpositionen am Fußboden wie auch an den Wänden markiert, wodurch man bereits in diesem frühen Stadium einen guten Überblick über die späteren Raumverhältnisse erhält und notfalls rechtzeitig noch etwas ändern kann.

3. Damit Sie beim Fliesenlegen noch genügend Bewegungsfreiheit haben, empfiehlt es sich, den Wandfries oberhalb der Arbeitsplatte vor dem Aufmauern der Gasbetonsäulen zu fliesen.

7

4. Auch der Fußboden wird zweckmäßigerweise durchgehend gefliest.

5. Die Decke wie auch die nicht mit Fliesen zu belegenden Wandflächen werden ebenfalls vor dem Möbelbau gestaltet. In unserem Beispiel wurde die Decke mit Rauhfaser tapeziert, während für die nicht gefliesten Wandflächen ein dekorativer Landhausputz gewählt wurde. Der verarbeitungsfertige Kunststoffputz wird mit einer Stahlkelle von unten nach oben auf die zuvor tiefgrundierten Wände aufgezogen und durch Reiben mit einer Kunststoff-Glättkelle strukturiert. In diesem Zusammenhang weisen wir auf einen weiteren Band dieser Reihe zum Thema: **Mauern, betonieren, verputzen.**

6. Wenn die Küche soweit gediehen ist, geht es ans Mauern der Gasbetonsockel. Sie werden aus den leicht mit einem Fuchsschwanz oder mit einer speziellen Gasbetonsäge zu bearbeitenden Plansteinen aufgemauert. Für die Verbindung der Steine untereinander wie auch mit dem Putz der Wände sorgt Klebemörtel. Auf dem Fliesenboden hat sich Epoxid-Harzkleber bewährt.

8

7. Nachdem die Säulen sauber aufgemauert sind und der Klebemörtel abgebunden hat, werden Ausbruchstellen beigespachtelt und die Säulen tiefgrundiert, bevor die vorspringenden Stollen mit Bohrungen für die Gasbetondübel versehen werden. An ihnen finden später die Scharniere der Schranktüren Halt. Nachdem Sie die Bohrungen im Nenndurchmesser der Dübel einge-

9

10

11

12

bracht haben, werden die Dübel mit leichten Hammerschlägen eingetrieben. Dabei die Säulen mit einer Hand abstützen oder besser noch durch einen Helfer von der Gegenseite abstützen.

Auch auf der Oberseite der Säulen sind Dübel zu setzen, an denen später die Arbeitsplatte verankert wird. Sie wird mit bündig versenkten Schrauben montiert und kann dank der plan mit der Plattenoberfläche abschließenden Schraubenköpfe problemlos gefliest werden.

8. Die Türen der Unterschränke entstehen aus 16-mm-Spanplatten und werden an den Außenkanten mit auf Gehrung geschnittenen Rahmen aufgedoppelt.

9. Die Zuschnitte werden auf die Türen aufgeleimt, worauf die Schnittkanten der Spanplatte ringsum mit Lackspachtel geglättet und anschließend sauber geschliffen werden.

10. Dann lackieren Sie die Türen nach eigenem Geschmack und dekorieren eventuell den Türspiegel durch ein aufgeklebtes Zierband.

11. Über der Schrankzeile rundet ein imitierter Rauchfang das Bild der Landhausküche ab. In ihn läßt sich eine moderne Dunstabzugshaube integrieren. Seine Blende verbirgt auch die Abzugsleitung, die die abgesaugten Küchendünste ins Freie ableitet. Die Konstruktion wird an Leisten verankert, die gegen die Küchenwände gedübelt werden. Zur Montage dienen selbstversenkende Schnellbauschrauben, die zeit- und kraftsparend mit der zum Schrauber umfunktionierten Elektronik-Bohrmaschine eingezogen werden.

12. Der imitierte Rauchfang wird vollflächig mit Holzschutzgrund eingelassen, gespachtelt und schließlich weiß und blau lackiert. Er bietet ausreichend Platz zur Aufnahme einer Dunstabzugshaube, deren Abluftkanal ebenfalls in dieser Konstruktion versteckt werden kann. Auf jeden Fall ist eine Abzugshaube mit Abluftführung nach außen immer einer Ausführung vorzuziehen, die lediglich nach dem Umluftprinzip arbeitet und die Kochdünste nach Passieren eines Filters wieder in die Küche entläßt.

13. Dann kann die Einweihungsparty in der selbstgemauerten Küche steigen!

13

Bildquellen-Nachweis

Die nachstehend in alphabetischer Reihenfolge aufgeführten Firmen haben Bildmaterial zur Verfügung gestellt. Die Zahlen in den Klammern nach den Seitenzahlen beziffern die Anzahl der überlassenen Abbildungen. Da die genannten Firmen damit zur Gestaltung dieses Buches beigetragen haben, möchte ich ihnen für diese freundliche Unterstützung danken.

Wenn Sie die Materialien dieser Firmen bei Ihrem Fachhändler oder Heimwerker-Markt nicht erhalten, können Sie sich auch direkt an sie wenden. Man wird Ihnen dann die Adressen der nächstgelegenen Vertriebslager und -stellen nennen.

Alsecco Bauchemische Produkte GmbH & Co. KG, 6444 Wildeck-Richelsdorf, Tel.: 0 66 26/880: 12 (1), 13 (2), 18 (1), 30 (1), 62 (3), 63 (3), 64 (3), 65 (3), 66 (3)

Beiersdorf AG, Produktinformation TESA, Unnastraße 48, 2000 Hamburg 20, Tel.: 0 40/5 69 26 10: 51 (2), 55 (2), 58 (3), 59 (3), 60 (2), 61 (1), 110 (1)

Robert Bosch GmbH, Geschäftsbereich Elektrowerkzeuge, Postfach 10 01 56, 7022 Leinfelden-Echterdingen, Tel.: 07 11/7 90 31: 73 (1), 74 (1), 79 (1)

DAL-Georg Rost & Söhne GmbH Armaturenfabrik, Postfach 13 63, 4952 Porta Westfalica, Tel.: 05 71/7 95 10: 76 (3), 77 (2)

Deutsche Rockwool, Bottroper Str. 241, 4390 Gladbeck, Tel.: 0 20 43/40 83 14: 17 (1), 31 (2), 32 (1), 79 (2), 83 (1), 90 (1), 106 (1), 112 (1)

Holzwerke Danzer KG, 7410 Reutlingen, Postfach, Tel.: 0 71 21/3 07 11: 70 (2), 71 (2), 72 (1), 91 (1), 92 (2), 93 (1)

Dura Tufting GmbH, Frankfurter Str. 62, 6400 Fulda, Tel.: 06 61/8 24 40: 17 (1), 56 (3)

Erfurt & Sohn, Postfach 23 01 03, 5600 Wuppertal 23, Tel.: 02/6 11 02 18: 36 (1), 108 (1), 115 (1)

Fischer-Werke, Artur Fischer GmbH & Co. KG, Postfach 52, 7244 Tumlingen-Waldachtal, Tel.: 0 74 43/121: 40 (1), 41 (3), 42 (3), 67 (1), 69 (2), 78 (2), 83 (1), 109 (1), 111 (1), 117 (1)

Glasurit, BASF Farben + Fasern AG, Max-Winkelmann-Str. 80, 4400 Münster-Hiltrup, Tel.: 02 51/141: 107 (1), 109 (1), 110 (1), 118 (2), 119 (1)

Henkel KGaA, Abt. Verbraucher-Information, Postfach 11 00, 4000 Düsseldorf 1, Tel.: 02 11/79 71: 14 (1), 15 (1), 33 (2), 45 (1), 47 (1), 48 (2), 49 (2), 50 (4), 51 (1), 52 (3), 55 (1), 57 (2), 80 (2), 86 (1), 90 (1), 94 (1), 95 (1), 113 (3), 114 (1), 115 (1), 116 (1), 117 (1)

Hörmann KG Verkaufsgesellschaft, Postfach, 4803 Steinhagen, Tel.: 0 52 04/1 50: 17 (1), 88 (3), 89 (2), 101 (4), 102 (4), 105 (1)

Informationsgemeinschaft Heimwerken, Schloß-Str. 15, 4000 Düsseldorf 30, Tel.: 02 11/44 38 63: 11 (1), 12 (1), 14 (1), 16 (1), 18 (1), 21 (1), 23 (1), 25 (1), 26 (1), 30 (2), 31 (1), 34 (3), 37 (3), 45 (2), 47 (1), 49 (1), 94 (1), 108 (1), 112 (1), 114 (1), 115 (1) 116 (1)

Lugato Chemie GmbH, Dr. Büchtemann GmbH & Co., Helbingstraße 60–62, 2000 Hamburg 70, Tel.: 0 40/6 94 49 90: 15 (1), 26 (2), 28 (3), 29 (2), 98 (3), 99 (4), 100 (2), 103 (3), 104 (2), 110 (1)

Emil Lux, Postfach 16 10, 5632 Wermelskirchen 1, Tel.: 0 21 96/8 62 90: 40 (1), 87 (2), 95 (1), 96 (1)

Metabowerke GmbH & Co., Postfach 12 29, 7440 Nürtingen, Tel.: 0 70 22/7 22 70: 40 (1), 43 (1), 47 (1), 57 (1), 69 (1), 70 (1), 75 (1), 83 (1), 89 (1), 92 (1), 94 (1), 95 (1), 96 (1), 97 (1), 107 (1), 108 (1), 111 (2), 117 (1), 118 (1)

Rigips GmbH, Postfach 12 29, 3452 Bodenwerder, Tel.: 0 55 33/ 7 13 90: 13 (1), 14 (1), 15 (1), 32 (2), 35 (3), 36 (2), 43 (2), 44 (3), 53 (1), 67 (1), 68 (3), 73 (2), 74 (2), 75 (2), 78 (1), 80 (1), 81 (3), 85 (3), 86 (2), 87 (1), 90 (1), 106 (2), 107 (1), 112 (1)

Stiebel-Eltron GmbH & Co. KG, Dr.-Stiebel-Straße, 3450 Holzminden 1, Tel.: 0 55 31/70 21: 82 (2)

Villeroy & Boch AG, Postfach 1 01 20, 6642 Mettlach 1, Tel.: 0 68 64/8 13 96: 12 (1), 16 (2), 19 (4), 104 (1), 109 (1), 114 (1)

Vosschemie GmbH, Esinger Steinweg 50, 2082 Uetersen, Tel.: 0 41 22/71 70: 18 (1), 21 (2), 25 (2)